I0414530

PAUL BIYA du Cameroun:
Plus de Trois Décennies de Mauvais Gestion sous le Système Anachronique imposé par la France

Janvier Tchouteu

TISI BOOKS

NEW YORK, RALEIGH, LONDRES, AMSTERDAM

PUBLIÉ PAR TISI BOOKS
www.tisibooks.com

PAUL BIYA du Cameroun: Plus de Trois Décennies de Mauvais Gestion sous le Système Anachronique imposé par la France
Copyright © 2018 by Janvier Tchouteu
Tous les droits sont réservés

ISBN-13: 978-1-0731-6180-5
ISBN-10: 1-0731-6180-3

PUBLIÉ PAR TISI BOOKS
www.tisibooks.com

NEW YORK, RALEIGH, LONDRES, AMSTERDAM

Imprimé aux États-Unis d'Amérique

«Quel est le système imposé par la France au Cameroun? N'est-ce pas un système mafieux de contrôle socio-économique et politique que la légende Française Charles De Gaulle et sa suite, ont installés en Afrique francophone au début des années 1960, avec l'utilisation de marionnettes Africaines qui, apparaissant être de soi-disant politiciens dans leurs pays respectifs, ne sont en réalité que des pillards et des mercenaires qui défendent les intérêts de la France et le sombre pouvoir politique français qui profite de ce viol de l'Afrique, un système transnational autrement appelé FrancAfrique (Mafiafrique) dont l'épicentre est le Cameroun?»

—*Janvier Tchouteu*

ÉPIGRAPHE

"Le temps pour les révolutionnaires avec la liberté totale de manœuvre est terminé."
                    —*CHRISTOPHER NKWAYEP-CHANDO*

DÉDICACE

Ce livre est dédié à toutes les personnalités historiques de l'histoire du Cameroun dont l'engagement inébranlable à la cause du «Nouveau Cameroun», qui préserverait le bien-être, l'unité et le bonheur des Camerounais, les forces des ténèbres locales et étrangères qui continuent à étouffer le Cameroun, forces qui constituent le système politique déshumanisant imposé par la France.

REMERCIEMENTS

Mes remerciements les plus sincères, les plus chaleureux et les plus éternels au Dr. Samuel F. Tchwenko et à Christopher N. Chando pour m'avoir mis au défi de poursuivre la voie de l'amélioration de l'humanité.

PAUL BIYA du Cameroun:
Plus de Trois Décennies de Mauvais Gestion sous le Système Anachronique imposé par la France

Contenu

LES CARTES

Le Cameroun sur une carte du monde

Le Cameroun sur une Carte de l'Afrique

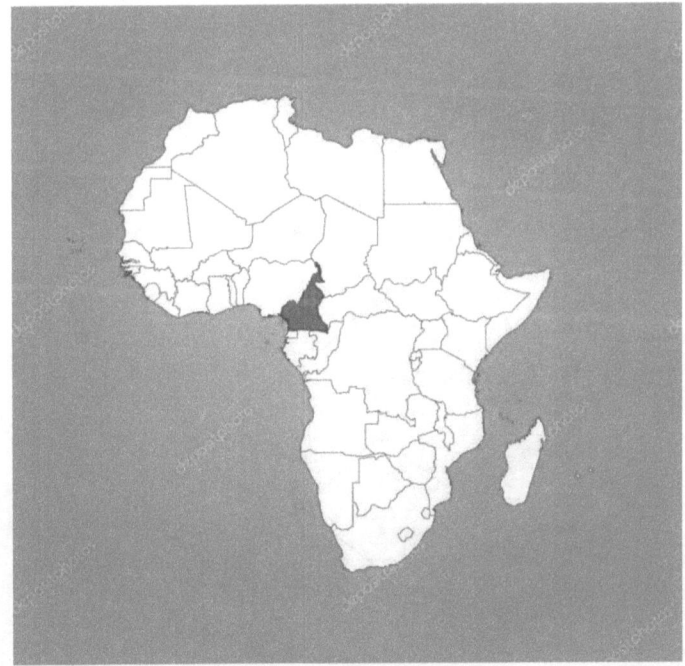

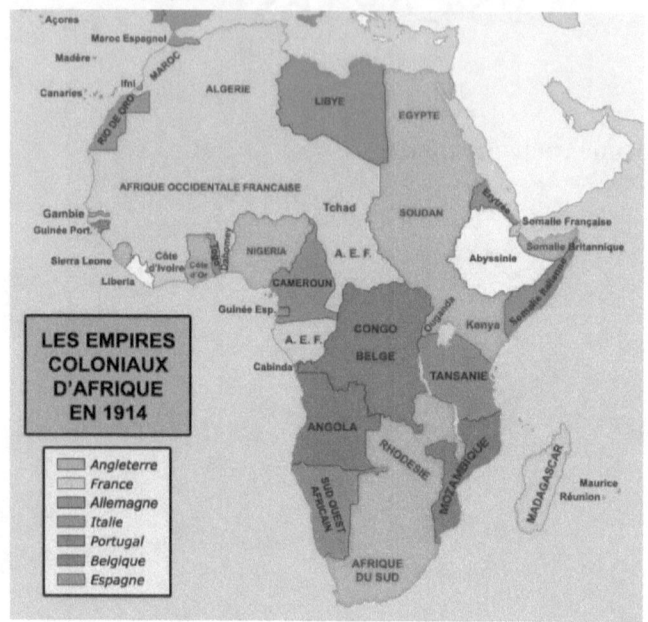

LES EMPIRES
COLONIAUX
D'AFRIQUE
EN 1914

Angleterre
France
Allemagne
Italie
Portugal
Belgique
Espagne

Les Pays D'Afrique

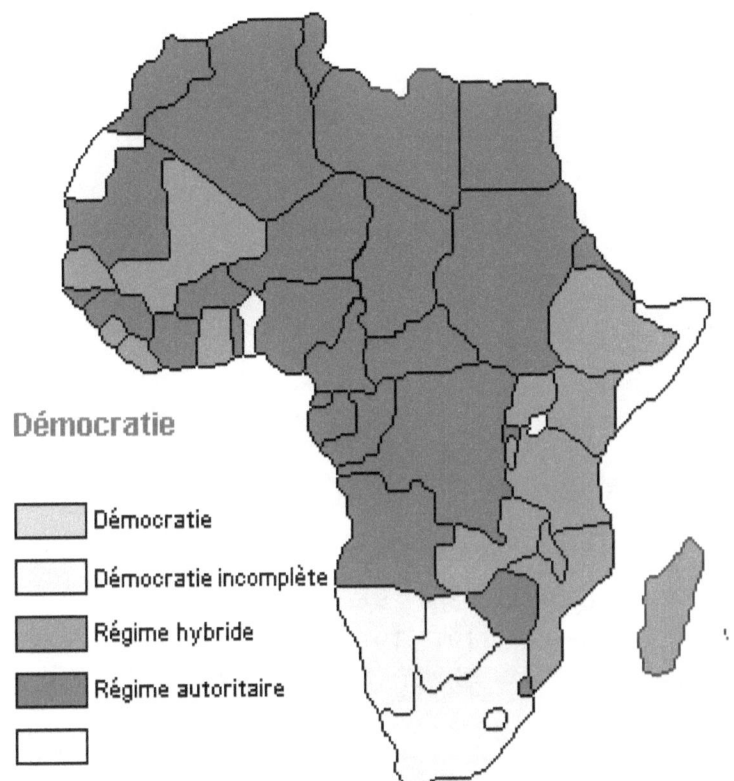

Démocratie

	Démocratie
	Démocratie incomplète
	Régime hybride
	Régime autoritaire

La Carte Historique du Cameroun

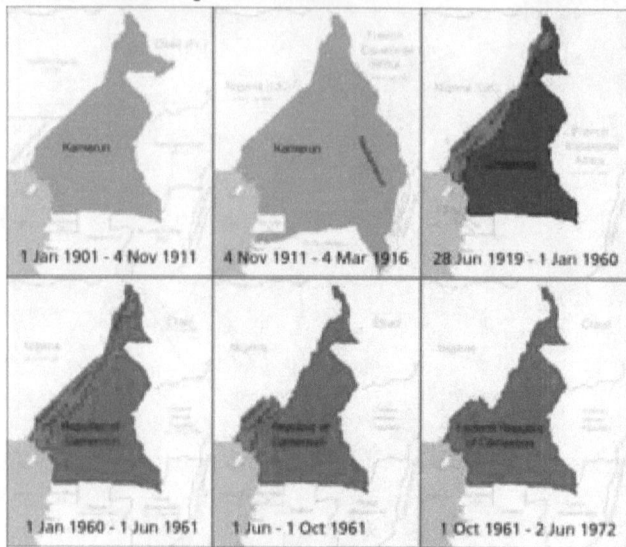

1. Cameroun Allemand (1884-1911)
2. Cameroun Allemand (1911-1916)
3. Cameroun Britannique & Cameroun Français: 1916-1960
4. Cameroun Britannique & La République du Cameroun (1960-61)
5. Southern Cameroun Britanniques & La République du Cameroun (1960-61)
6. Réunifie—La République Fédérale du Cameroun (1961-1972)

Les Citations

«Un peuple décidé à lutter pour sa liberté et son indépendance est invincible »

Ruben Um Nyobè

«Le Cameroun n'est pas un pays d'esclaves que personne ne peut libérer.»

Janvier Chouteu-Chando

«Parce que supprimer la liberté de choix d'un homme, même sa liberté de faire le mauvais choix, c'est le manipuler comme s'il était une marionnette et non une personne. »

Madeline L'Engle

« La plus grande difficulté rencontrée est constituée par l'esprit de néo-colonisé qu'il y a dans ce pays. Nous avons été colonisés par un pays, la France , qui nous a donné certaines habitudes. Et pour nous, réussir dans la vie, avoir le bonheur, c'est essayer de vivre comme en France , comme le plus riche des Français. Si bien que les transformations que nous voulons opérer rencontrent des obstacles, des freins.»

Thomas Sankara

«En politique, plus d'un cheval appartient et est géré par la même équipe lors d'une élection. Il y a toujours un candidat supplémentaire qui imite légèrement le point de vue du cheval adverse de son équipe, pour annuler cette personne en volant ses votes simplement pour que le cheval principal puisse gagner. Les élections sont des spectacles de marionnettes. Indépendamment de leurs manteaux arc-en-ciel et de leurs sourires, l'agenda est le même. »

Suzy Kassem

« Nous savons que l'Afrique n'est ni Française, ni Britannique, ni Américaine, ni Russe, qu'elle est Africaine. Nous connaissons les objets de l'Occident. Hier, ils nous ont divisés au niveau d'une tribu, d'un clan et d'un village...Ils veulent créer des blocs antagonistes, des satellites ... »

Patrice Lumumba

« ... Le monde est béni de temps en temps avec des âmes uniques qui, bien que chargées de leurs croix invisibles, ont toujours la force extraordinaire d'avancer dans la vie et de donner un coup de main aux autres en même temps. Malgré leurs tribulations, la plupart d'entre nous pensent qu'ils vont bien. Même quand le poids de leurs croix devient insupportable, même quand ils se déroulent d'une manière haletante, nous avons encore du mal à comprendre qu'ils se noient. En fait, nous les condamnons même pour ne pas avoir sacrifié plus ... »

Janvier Chouteu-Chando, « Disciples de la Fortune »

«Si nous luttons à mort contre une intégration arbitraire de notre pays dans l'Empire colonial français, c'est que nous voulons rester les défenseurs conquérants du droit des peuples à disposer d'eux-mêmes. Nous sommes ainsi, restés au service du Kamerun et de l'Afrique. »

Ruben Um Nyobè

« Nous ne sommes pas impliqués dans cette lutte seulement parce que nous pensons que nous allons démanteler ce système dans la durée de notre vie. Nous espérons que le Cameroun changera demain. Mais si ce n'est pas le cas, nous serons heureux de savoir que nous avons rendu le terrain fertile pour la prochaine génération qui mettra fin à la pourriture dans ce pays et puis établir le Cameroun NOUVEAU.»

Dr. Samuel F. Tchwenko, ex-UPCist et le chef 'idéologue du SDF historique de 1990-2002

«Nous trouvons qu'à présent la race humaine est divisée en un homme sage, neuf fripons, et quatre-vingt-dix imbéciles sur cent. C'est, par un observateur optimiste. Les neuf coquins se rassemblent sous la bannière des plus vulgaires d'entre eux et deviennent des «politiciens»; le sage se démarque, parce qu'il sait qu'il est désespérément en infériorité numérique, et se consacre ainsi à la poésie, aux mathématiques ou à la philosophie; tandis que les quatre-vingt-dix imbéciles se marchent sous les bannières des neuf méchants, selon l'imagination, dans les labyrinthes de la chicane, de la méchanceté et de la guerre. C'est bon d'avoir la commande, Sancho Panza a observe, même sur un troupeau de moutons, et c'est pourquoi les politiciens élèvent leurs bannières. C'est d'ailleurs la même chose pour le mouton quelle que soit la bannière. Si c'est la démocratie, alors les neuf fripons deviendront membres du parlement; si le fascisme, ils deviendront des chefs de parti; si le communisme, les commissaires. Rien ne sera différent, sauf le nom. Les fous seront toujours des imbéciles, les fripons encore des chefs, les résultats encore exploités. Quant au sage, son sort sera le même sous n'importe quelle idéologie. Sous la démocratie, il sera encouragé à mourir de faim dans une mansarde, sous le fascisme, il sera mis dans un camp de concentration, sous le communisme, il sera liquidé. »

T.H. blanc

« Un minimum de confort est nécessaire à la pratique de la vertu.»
Patrice Lumumba

« Vous voyez ces dictateurs sur leurs piédestaux, entourés par les baïonnettes de leurs soldats et les matraques de leur police... mais dans leur cœur, il y a une peur inexprimée. Ils ont peur des mots et des pensées: les mots prononcés à l'étranger, les pensées qui bougent chez eux — d'autant plus puissantes parce qu'elles sont interdites — les terrifient. Une petite souris de pensée apparaît dans la pièce, et même les potentats les plus puissants sont plongés dans la panique.»

Winston S. Churchill

« L'ennemi ce n'est pas celui qui te fait face l'épée à la main mais celui qui est derrière toi poignard dans le dos. »

Thomas Sankara

« La loyauté envers le pays TOUJOURS. La loyauté envers le gouvernement, quand il le mérite. »

Mark Twain

«Cependant, les partis politiques peuvent parfois répondre à des fins populaires, ils sont susceptibles, au fil du temps et des choses, de devenir de puissants moteurs grâce auxquels des hommes rusés, ambitieux et sans scrupules pourront subvertir le pouvoir du peuple et usurper pour eux-mêmes les rênes du gouvernement, détruisant par la suite les moteurs mêmes qui les ont portés à la domination injuste. »

George Washington

Introduction

Diversement décrit comme «le Microcosme de l'Afrique», «l'Afrique en Miniature», «l'Esprit de l'Afrique», etc., la nature doit avoir conçu la région unique de l'Afrique Centrale qui est devenue connue sous le nom de Cameroun même avant que les puissances coloniales occidentales aient conquis l'Afrique. et a cherché à créer des entités plus grandes à partir des groupes ethniques et des tribus du continent, qu'ils ont transformés en possessions coloniales. Le monde connaissait la région comme la colonie Allemande de Kamerun pendant plus de trois décennies (à partir de 1884-1916), jusqu'à sa partition par la Grande-Bretagne et la France en Cameroun Britannique et en Cameroun Français. C'était après que les puissances Européennes victorieuses aient saisi la colonie des mains de l'Allemagne pendant la Première Guerre mondiale.

Pendant des milliers d'années, la masse terrestre a connu des groupes de tribus et de groupes ethniques migrantes qui se sont promenés à travers le continent Africain. Cependant, le Cameroun a sa diversité et son mélange inhabituel de groupes ethniques qui persistent aujourd'hui depuis les migrations du dernier millénaire.

C'est de la moitié sud du Cameroun que le groupe ethno-linguistique le plus important d'Afrique, appelé Bantu, également connu sous le nom de Niger-Congo-B, s'est étendu à l'Afrique orientale et australe.

Le nord du Cameroun est la frange occidentale des populations nilo-sahariennes en déclin de la région Soudanaise et de l'Éthiopie. Le Cameroun est également devenu la base où les premières populations du groupe Niger-Congo-A se sont installées.

Au fil des ans, les groupes ethniques nilo-sahariens et Niger-Congo-A du Nord ont été soumis à l'expansion des Arabes Choa et Touaregs de langue afro-asiatique, aussi bien que de nombreux groupes tchadiques d'Afrique de l'Ouest et d'Afrique du Nord et d'Afrique de l'Ouest. Affligés à la méfiance et à l'incompréhension perpétuelle dans une étendue de terre qui commence comme une plaine et se transforme en plateau dans son tronçon méridional appelé l'Adamaoua, ces populations du Nord ont finalement appris à vivre ensemble.

Au-delà de cette région du Plateau de l'Adamaoua se trouve une partie du centre du Cameroun appelée le Haut Plateau Occidental. Pendant des siècles, cette région montagneuse de savane montagneuse était la frontière du Bantous du Nord-Ouest, comprenant à l'époque des colonies dispersées et peu peuplées composées de petits villages bantous affrontant le climat froid du terrain montagneux.

Les Hauts Plateaux du Centre qui constituent le Plateau de l'Adamaoua et le Haut Plateau de l'Ouest étaient dans un état de tourmente au XVIIIe siècle. La vague désastreuse de guerriers Peul de langue Séné-Gambienne amenée par le jihad d'Ousman Dan Fodio pour répandre l'islam dans ce qui est devenu le nord du Nigeria et le nord du Cameroun ont déstabilisés les populations indigènes du Nord en obligeant les différents groupes ethniques à résister aux envahisseurs et à leur religion, ou à capituler à leur puissance. Plusieurs groupes ethniques ont choisi d'abandonner leur patrie plutôt que de succomber aux Peuls. La plupart d'entre eux se sont installés sur le terrain accidenté du haut plateau occidental qui comprend aujourd'hui les régions du nord-ouest et de l'ouest du Cameroun, une zone autrement appelée «Les Grassfields» ou «La Terre Graffi».

Depuis qu'il est devenu une entité distincte sous le administration colonial Allemand il y a onze décennies, le

Cameroun a parfois conçu des mouvements de libération qui auraient permis à la nation de mieux se positionner si ces forces nationaliste-civiques avaient réussi dans leur cause.

En 1910, Martin Paul Samba (Mebenga Mebono), le premier le premier leader civique-nationaliste Kamérunais, s'est rendu compte que le progrès et la gloire de la territoire reposaient davantage dans un avenir dépourvu de contrôle colonial et imprégné de concepts progressistes qui sont indigènes. Il a commencé l'un des premiers mouvements de libération en Afrique et le premier en Afrique noire. Cependant, le temps et le destin l'ont pris au dépourvu dans sa campagne visant à mobiliser le soutien total des peuples de Kamerun. Acculé par l'armée coloniale Allemande près d'Ebolowa en 1914, il choisit de se rendre plutôt que de faire face au massacre de son peuple. Le 8 août 1914, Martin Paul Samba a été exécuté, un jour après l'exécution de son ami et allié au nom de Rudolf Duala Manga Bell. C'était le premier traumatisme subi par le nationalisme-civique Kamerunais aux mains de l'armée coloniale Allemande, menant à la défaite dans la première phase de la lutte Kamerunaise et à la latence de son nationalisme pour les années à venir. C'était un traumatisme si profond que, même après que les forces Britanniques et Françaises eurent défait l'armée Allemande à Kamerun en 1916, il n'y avait pas de force nationaliste-civique en place pour défendre le territoire de la partition par les puissances Européennes victorieuses.

Cette partition de la colonie Allemande de Kamerun en Cameroun Britannique et Cameroun Français, ainsi que les règles qui en découlent pour régir ces mandats, ont eu les conséquences d'une rupture des liens économiques, politiques et culturels du passé, ainsi que leur utilisation résultante. De plus, ce sont les carences de la partition et les perturbations qui hantent l'unité du Cameroun aujourd'hui. L'imposition d'administrations séparées en Anglais et en Français dans l'ancienne territoire Allemande,

comme convenu dans la formule du mandat, n'a créé que des
systèmes ayant peu de choses en commun avec des expériences
précoloniales, des systèmes qui étaient déconnectées de la réalité
Camerounaise de l'époque. Oui, c'est en raison de la partition
regrettable que la nationalisme-civique Camerounais a été ravivé
trois décennies après, avec un contenu union cette fois-ci, dans sa
quête pour réunir le Cameroun Britannique et le Cameroun
Français. Le mouvement a commencé au Cameroun Français en
1948 sous l'Union des Peuples Camerounais (UPC) et s'est ensuite
étendue au Cameroun Britannique où l'OK (One Kamerun) et le
KNDP—Kamerun National Democratic Party (Parti Démocratique
National du Kamerun) l'ont défendue. Les buts des union-
nationalistes francophones et des union-nationalistes anglophone
des années 1950 devaient réunir les deux territoires et poursuivre le
rêve ultime du Cameroun—la réalisation du Cameroun Nouveau.
Pour les union-nationalistes historiques du Cameroun le Cameroun
Nouveau était envisagé pour:

- Construire une véritable ethos bilingue.
- Combler le fossé dans le développement des secteurs
  anglophone et francophone.
- Travailler pour l'évolution d'un nouveau peuple
  Camerounais à partir des différentes tendances de pensées
  et d'actions de ses enfants francophones et anglophones.
- Et créer une nation kamérunaise qui est démocratique,
  libérale, libre, progressive, unie, forte et développée.

Ruben Um Nyobe, Félix Moumié, Albert Kingue, Ernest
Ouandie, Léonard Bouli, Étienne Libai, Osende Afana, Nde
Ntumazah et John Ngu Foncha ont été les principaux exposantes
de ce rêve Camerounais. La majorité des Camerounais ont admiré
les légendes de leur époque dans la lutte pour réaliser le rêve
Camerounais qui a été mis en avant par Martin Paul Samba avant

sa morte en 1914.

Imaginez ce qu'aurait été le Cameroun aujourd'hui si ses combattants de la libération et ses union-nationalistes avaient été laissés tranquille à se préparer à la construction du Cameroun après l'indépendance. Cela n'a jamais été le cas. La France était déterminée à ne jamais lâcher son contrôle sur le Cameroun, sa "Perle Africaine". L'imposition de la France du système qui perdure aujourd'hui au Cameroun et l'installation du régime fantoche d'Ahidjo ont concrétisé le complot français qui a précédé l'interdiction de l'UPC en 1955, déclenchant une guerre de libération, autrement appelée guerre de réunification et d'indépendance qui a duré jusqu'en 1970.

Cette guerre impitoyable de plus de dix ans visant à éliminer tous les aspects de l'influence de l'UPC dans le pays, une campagne génocidaire qui a vu la mort de près d'un million de Camerounais aux mains des forces Françaises et d'Ahidjo, a permis de vaincre efficacement les union-nationalistes Camerounais dans la deuxième phase de la lutte Camerounaise pour l'indépendance, la démocratie, l'illumination, le progrès et le développement. Ruben Um Nyobe, Félix-Roland Moumié, Osende Afana, Ernest Ouandie et plusieurs autres membres de la direction de l'UPC ont été éliminés et les autres ont été poursuivis en exil ou menacés de capitulation par l'armée Française et le régime fantoche d'Ahmadou Ahidjo qu'ils ont mis en place au Cameroun. C'est la mort, l'exil et la capitulation des responsables de la deuxième phase de la lutte pour le Cameroun Nouveau, et la complaisance du peuple Camerounais qui ont déclenché la maladie infantile du Cameroun, une maladie qui a remplacé les espoirs d'un rêve par la peur et le désespoir.

Imaginez ce que serait devenu le Cameroun si les union-nationalistes anglophones et les union-nationalistes francophones avaient réalisé sa réunification, son indépendance et sa gouvernance. Si cela avait été le cas, les situations suivants se seraient produites:

- Le Cameroun Nouveau serait né avec une fondation authentique et solide.
- Les Camerounais auraient réalisé la plupart des rêves d'union (les objectifs de réunification et d'indépendance).
- Et l'héritage pressant de la partition du Kamerun ne seraient pas aussi criantes tel qu'il est aujourd'hui.
- La poursuite de la guerre de libération de l'UPC contre l'armée Française persistante au Cameroun et l'armée de Camerounais francophiles (les pseudo-nationalistes et les compradors) postindépendance aurait été évitée.
- Ensuite, près d'un million de Camerounais ne seraient pas morts entre les mains des forces d'Ahidjo et de l'armée Française, un génocide cauchemardesque qui hante toujours les Camerounais. Ces mortes ont imprégné les Camerounais de scepticisme, de cynisme, de découragement, de trahison, de malhonnêteté et d'égocentrisme; et les ont traumatisés dans un état de léthargie politique.

Aujourd'hui, la plupart des Camerounais s'accordent pour dire que les obstacles humains à l'édification d'une nation résident davantage dans le fait que la réunification et l'indépendance ont été réalisées par des union-nationalistes anglophones bien intentionnés et par un régime peu respectueux et peu au courant des aspirations des Camerounais anglophones et du rêve collectif Camerounais (les objectifs de réunification et d'indépendance défendus par l'UPC historique et ses partis frères—le KNDP et OK). Ahidjo a été mis au pouvoir pour défendre les intérêts de l'establishment politique Français, les intérêts de ses collaborateurs et son ego. Il était prêt à le faire à tout prix. Oui, c'est cet héritage de rétention du pouvoir, d'oppression et de division que le régime de Biya a hérité et qu'il renforce excessivement, sans scrupule et follement afin de maintenir son emprise sur le pouvoir. Oui, le régime honteux d'Ahidjo a trahi le rêve de la réunification et de l'indépendance et a conçu le virus de la méfiance, de la désintégration et de la malhonnêteté selon lequel le régime de Biya s'était multiplié pour asphyxier l'état-nation Camerounais. C'est un virus qui a presque érodé notre esprit dynamique et nos valeurs progressives, nous laissant avec le spectre imminent du découragement qui menace de condamner le Cameroun.

L'esprit de réunification et son rêve englobant étaient les facteurs dominants de notre vie politique avant la quasi-indépendance / la réunification de la terre. Néanmoins, c'est la communauté Camerounaise anglophone dirigée par des union-nationalistes anglophones qui ont réalisé la réunification en votant pour elle dans le plébiscite parrainé par les Nations Unies en 1961.

Maintenant, qui sont les union-nationalistes du Cameroun et qu'est-ce que l'union-nationalisme?

En un mot, l'union-nationalisme est une forme unique de nationalisme-civique qui implique tous ceux qui adhèrent à l'idée kamérunaise conçue dans les années 1940, prônant la réunification des territoires de l'ancien Kamerun Allemand (le Cameroun Britannique et le Cameroun Français), leur indépendance commune et pour la réalisation de l'idéal Kamerunais d'un État-nation de citoyens dotés de droits égaux et qui, quels que soient leur appartenance ethnique, leur race, leur couleur, leur religion, leur sexe ou leur langue:

- sont unis dans leur attachement patriotique à la terre
- ils partagent les valeurs de démocratie, de liberté, de

tolérance et de progrès

- Et ils respectent leurs droits, leurs traditions et leur culture, ainsi que la liberté de la terre de déterminer son destin en harmonie avec le monde progressiste.

Contre cette union-nationalisme est le cadre de contrôle mis en place par la France au Cameroun et dans le reste de l'Afrique francophone avant l'octroi de l'indépendance à ces colonies. C'est-à-dire un système de contrôle socio-économique, culturel et politique renforcé par ce que l'on appelle "Le Pacte Colonial», qui est un accord de auto-asservissement que la France a obligé ses marionnettes à signer, avant de faire ces marionnettes les chefs d'État des soi-disant pays Africains nouvellement indépendants. Ce pacte a effectivement donné à la France le premier mot sur l'exploitation des ressources de ces territoires ainsi que sur leurs développements ou orientations politiques et militaires.

L'establishment politique local que la France a créé au Cameroun sous Ahidjo est une structure qui perdure aujourd'hui sous le règne de Paul Biya, qui existe depuis plus de 36 ans. Le system impose par la France sur le Cameroun est constitué de mercenaires Camerounais et de pillards Camerounais, des compradors en soi, qui servent les intérêts des forces obscures dans ce que l'on pourrait appeler la version Française de "Deep State ", une sorte de gouvernement fantôme qui fonctionne comme la mafia Sicilienne.

Les marionnettes Camerounaises de l'establishment politique dominé par le régime de Biya sont des citoyens ou des héritiers de ceux qui n'ont jamais contribué—que ce soit comme des modérés ou que ce soit comme des radicaux—- à la cause de la libération du Cameroun (la cause de la réunification et de l'indépendance), faisant ainsi du Cameroun le seul pays d'Afrique où ceux qui donnaient le sang et la sueur pour la liberté de la terre n'ont jamais accédé au pouvoir, même un demi-siècle après que l'union-nationalisme Camerounais ait été vaincu par l'armée Française et ses collaborateurs Camerounais. Il n'est donc pas surprenant qu'aucun des objectifs de la réunification n'a été atteint.

Aujourd'hui, les experts parlent de la manière dont les forces obscures en France qui asphyxient l'Afrique étendent leurs tentacules conformément à un nouveau type de consortium. La quête du contrôle des ressources du monde est devenue un phénomène encore plus mondial, faisant du Cameroun, sous Paul Biya, un avant-poste international du crime organisé, non seulement contre les Camerounais, mais également contre les Africains et le reste du monde qui défendent la démocratie, la primauté du droit et le développement de l'homme et de son bien-être en tant que les pierres angulaires de la civilisation mondiale.

Chapitre Un

Paul Biya du Cameroun: Un Dictateur en Afrique Soutenu par l'Occident (la France , les Etats-Unis, la Grande-Bretagne)

Dans le seul pays d'Afrique où ceux qui ont fait campagne, se sont battus et sont morts pour la réunification et l'indépendance du pays par rapport à la domination coloniale sous la bannière d'un parti nationaliste-civique appelé L'Union des Populations du Cameroun (UPC), n'ont jamais accédé au pouvoir; dans le pays appelé Cameroun où le système mis en place par la France en 1958 excluait plus de 80% des intellectuels Camerounais, ignorait la voix de la population, et grandait au fil des ans dans une raquette composée de marionnettes imposées et soutenues par la France qui sont complètement détachées de l'intérêt du pays, Paul Biya est le visage de la mafia politique Franco-Camerounaise de plus de six décennies qui, dans son sens plus large, s'appelle "FrancAfrique".

Paul Biya a été nommé président du Cameroun en 1982 par son prédécesseur Ahmadou Ahidjo, qui lui-même a été imposé au peuple Camerounais par la France avant que le nouveau gouvernement Gaulliste Français autorise le Cameroun français à devenir membre de l'Organisation des Nations Unies. Depuis lors, le deuxième chef d'État Camerounais s'est maintenu au pouvoir malgré l'opposition de la grande majorité des Camerounais, en faisant appel au soutien tacite et ouvert des puissances et des sociétés étrangères. Comme l'a écrit Randy Joe Sa'ah en 2012 sur la BBC dans le profil de Paul Biya, "Il a peut-être adopté son surnom tard dans sa carrière politique — après que l'équipe de football du pays, les Indomptables Lions, ait atteint les quarts de finale de la coupe du monde de 1990 — mais l'homme de 79 ans a utilisé la tactique d'un lion depuis le début. "...

http://www.bbc.com/news/world-africa-20219549

En fait, Paul Biya dévore les Camerounais qui s'opposent à lui ou ceux qui semblent menacer son maintien au pouvoir. Dans cette page de profil extraite de la BBC, nous découvrons comment et pourquoi la terre qui fut la base fondatrice des Forces françaises libres qui libérèrent Paris du régime nazi en 1944, la terre que les anciens maîtres coloniaux allemands appelaient "La Perle Africaine", la terre qui est décrite de manière diverse comme "Le Microcosme de l'Afrique", la terre que certains appellent la plus éclairée d'Afrique, est prise au piège d'une dictature qui a chassé ses meilleurs cerveaux et ses meilleures mains du pays; On nous donne un aperçu de la nature d'un pays qui revendique le plus gros investissement Américain en Afrique(le pipeline Tchad-Cameroun), mais qui ne peut se débarrasser d'un système anachronique imposé par la France que les puissances étrangères trouvent propice à maintenir pour le bien des affaires, un système dont la subsistance est la seule garantie du maintien continu de Paul Biya au pouvoir.

Chapitre Deux

Quel est le Niveau d'Engagement des Camerounais dans la Lutte pour changer le Système imposé par la France , et la Dictature de Paul Biya

Il existe un besoin et une volonté de changement au Cameroun. Nous sommes tous d'accord sur ce point. Les experts reconnaissent la fait que la majorité du peuple Camerounais vit dans l'incertitude et dans la pauvreté, alors que la minorité sans scrupule de la clique, qui constitue l'oligarchie actuelle, vit dans la richesse et dans l'arrogance. Cette minorité criminelle a détourné notre prospérité, notre avenir et notre dignité. Leur richesse, qui a été rendu corrosif par la corruption, le népotisme, l'ethnocentrisme, le régionalisme et le gaspillage, les a rendus aveugles au point où ils sont complètement indifférents au sort de la majorité des Camerounais qui vivent dans la pauvreté et dans la privation. Le régime de Biya est indifférent au fait que il y a des millions de Camerounais qui meurent de faim, qu'ils sont mal vêtus, qu'ils sont exclus d'un système efficace d'assainissement et de soins médicaux, et qu'ils ne peuvent avoir la possibilité de trouver un emploi. Le régime de Biya et ses collaborateurs qui constituent le système imposé par la France au Cameroun depuis 1958 ne sont pas gênés par le fait que les enfants Camerounais, qui sont l'atout majeur de ce pays, sont privés de leur droit à l'éducation et à la formation. Le régime de Biya est même arrogant dans sa mauvaise gestion en nous refusant nos droits humains fondamentaux, notre liberté et le droit de choisir. Il est même clair que cette oligarchie est résolue à nous refuser l'accès à nos propres cerveaux. Ils s'attendent à ce que nous restions dociles ou muets, comme des nuls. Les torts du régime de Biya sont inépuisables et ne peuvent être justifiés. Les vrais exposants du changement sont ceux qui rejettent tout ce qui tolère l'exploitation et l'oppression d'un homme par un autre et associent l'exploiteur et l'oppresseur avec le mot justifiable «FAUX».

Dans la lutte contre les auteurs de l'injustice, nous avons raison. Cependant, avoir raison ou être conscient de ce qui est juste et ne pas assurer la réalisation de ce qui est juste est un tort en soi. Nous devons savoir que la tâche à laquelle nous sommes confrontés aujourd'hui est de vaincre le mal (le système imposé par la France) et de réaliser le droit (Le Cameroun Nouveau à travers l'idéal Camerounais incarné dans son union-nationalisme). La tâche qui consiste à vaincre le mal est tellement colossale que beaucoup d'entre nous sont divisés sur l'approche à adopter et sur l'ampleur du chemin à parcourir. Au fil des ans, chaque fois que les exposants du changement pensent ou essayent d'agir en faisant quelque chose pour remédier à notre situation critique, la question de savoir jusqu'où on peut aller dans la correction, le démantèlement et la construction revient toujours à nous diviser. Cette division est d'autant plus décourageante et déroutante en raison des divers degrés de notre engagement à changer. Les raisons pour laquelle nous devrions être hantés par ces divisions alors que nous sommes confrontés par les torts angoissant du système anachronique imposé par la France est quelque chose que peu de mortels peuvent justifier. Cependant, nous pouvons clairement discerner les forces divisées:

1) Les premiers dans la catégorisation sont les ignorants, les indifférents, les sceptiques et les cyniques:
  - Les ignorants qui constituent heureusement une petite minorité de la population Camerounaise sont ceux qui ne

savent malheureusement pas ce qui leur revient de droit (leur liberté, leur dignité et leur part des richesses du Cameroun) en tant que citoyens de l'État-nation. C'est en raison de leur ignorance qu'ils vantent les gardiens de ce système pour l'assistance distribué à eux, sans se rendre compte que ce qu'ils obtiennent est à juste titre le leur que le régime de Biya et le système en général leur ont volé. Si nous faisons comprendre à ces ignorants que leur état pathétique, qu'ils abhorrent eux-mêmes, relève de la responsabilité du système, nous pourrons être rassurés, ou nous pouvons même nous vanter d'avoir gagné de puissants convertis. Expliquez-leur les objectifs de la lutte et les phases turbulentes qu'elle a traversées et nous serons certains d'avoir formé les soldats les plus fiables pour la cause. Ces ignorants sont conscients du fait que la charité du régime de Biya ne peut pas atténuer leur misère.

- Les indifférents sont des gens conscients de la situation critique des Camerounais, mais parce qu'ils sont peu sûrs, ils sont dans des positions confortables, ou parce qu'ils ont perdu l'espoir d'un avenir meilleur et sont las de la lutte, ils ont choisi de fermer les yeux, de se boucher les oreilles et de mettre leur nez dans leur poches. En bref, ils refusent de voir ou de comprendre le mal. Ce dont ils ont besoin, c'est d'un esprit frais et d'un engagement fort. Et d'une certaine manière, ils peuvent être transformés en atouts remarquables pour le changement. En bref, ils refusent de voir ou de comprendre le mal. Ce dont ils ont besoin, c'est d'un esprit frais et d'un engagement fort. Et d'une certaine manière, ils peuvent être transformés en atouts remarquables pour le changement.

- On peut dire que les sceptiques et les cyniques veulent le changement du système, mais doutent ou se méfient du changement auquel aspirent la majorité des Camerounais. Cela peut être dû à leur attachement rigide à des concepts obsolètes, à des liens, à des rêves futiles ou en cause de leur regrettes de ne pas être les piliers de la lutte. Ils constituent peut-être la force de ralentissement la plus forte en dehors du système.

2) Les libéraux et les modérés constituent la deuxième force futile ou moins engagée dans la lutte pour le changement:

- Les libéraux acceptent le fait que le système imposé par la France est anachronique et impraticable, et qu'il devrait être changé. Cependant, ils ne peuvent pas proposer une approche réaliste pour changer le système et un système alternatif pour le remplacer. C'est en raison de leur désespoir et de la peur de toute action qui devrait changer un mauvais système qu'ils s'engageraient dans des actions qui ne sont pas sanctionnables ou des actions qui sont basées sur une rhétorique conciliatrice qui servirait au contraire les intérêts du système et non ceux de la lutte. Lorsque leur rhétorique devient indéfendable, à un moment où les véritables exposants du changement ont leur dos au mur dans le coin serré de l'oppression, de la répression, de l'extorsion et de la privation, et ne voient aucune autre option de soulagement que la voie de la libération (protestation et résistance), notre libéral dans ses manières trompeuses se retire, ce qui revient essentiellement à céder au pouvoir oppressif du système. Cependant, le libéral continuerait à parler du mal, à s'agoniser à cause de cela, tout en restant réticent à le combattre car, dans son esprit mineur, le prix à payer pour confronter le système imposé par la France au Cameroun pourrait entraîner plus de misère que la situation actuelle. Cependant, les libéraux ne comprennent pas que, si la misère est le prix a payer, elle serait temporaire et elle mettrait fin à l'oppression. Non seulement ça, ça libérerait les émotions, les esprits, les idées et les avoirs, qui sont tous de forces démocratiques et de développement, qui assurerait la prospérité et la sécurité pour la population. Il suffit de regarder Bello Bouba Maigari, le dirigeant de l'Union Nationale pour la Démocratie et le Progrès (UNDP), pour comprendre de quoi je parle. Les homologues des libéraux sont les modérés.

- Les modérés parlent et travaillent également pour le changement venant de la lutte, même s'ils ne prévoient pas de changement fondamental du système. C'est en raison de leur désir de changement partiel du système qu'ils se sont détachés de la réalité Camerounaise actuelle et ont adopté une notion utopique de conciliation qui ne promet rien pour le peuple Camerounais. Adamou Ndam Njoya, de l'Union démocratique Camerounaise (CDU), est un bon exemple.

Malheureusement pour nous dans la lutte Camerounaise, ces libéraux et modérés constituent une force puissante du côté des exposants du changement et attirent facilement le soutien de ceux qui ne possèdent ni le zèle révolutionnaire et ni la compréhension de la lutte pour le Cameroun Nouveau dont le principe fondamental est le union-nationalisme Camerounais, la forme de nationalisme-civique du pays qui constitue une forme avancée de patriotisme inclusif. La plus grande déception à propos de ces libéraux et ces modérés est qu'ils se vantent de leur attachement à la sobriété et à la réalité Camerounaise, qui pour eux est dépourvue de rêve. Mais notre lutte n'est fondamentalement que pour la réalisation de notre rêve d'une véritable indépendance (unité, prospérité, liberté, confiance en soi et une place égale dans la communauté des nations). Cette véritable indépendance aboutirait à une interdépendance avec les autres groupes et nations progressistes en tant qu'extension de notre fraternité.

3) La troisième force est composée de personnes «confondues» et «unilatérales» qui luttent avec ferveur pour des causes qui n'abordent pas le problème général Camerounais, mais seulement la situation critique d'un groupe ethnique, d'une conviction religieuse, d'une région ou d'une entité linguistique. Le fait qu'ils sont profondément attachés à leur conviction de la justice de leur cause et le fait qu'ils considèrent tous ceux qui ne sont pas complètement derrière eux comme leurs ennemis, cette force de changement des confus et des unilatéralistes (dont les exigences appellent à la partialité face à l'idéal du Cameroun Nouveau), non seulement s'aliéner leurs alliés potentiels pour le changement, mais aussi les objectifs généraux de la lutte Camerounaise qui englobe leur sort. Et d'une manière curieuse, sans qu'ils le sachent vraiment, ils freinent le vent du changement en raison de leurs directions et de leurs actions de division.

Malheureusement pour le rêve Camerounais et la lutte, les véritables exposants du changement, c'est-à-dire ceux qui souhaitent un changement fondamental du système, ne sont pas pleinement organisés. Mais leurs représentants qui ont maîtrisé parfaitement les revendications de l'union-nationalisme Camerounais peuvent mobiliser le soutien des ignorants, des indifférents, des sceptiques et des cyniques, des libéraux et des modérés, et même des confus et des unilatéralistes, afin de le peuple Camerounais le véritable sens du but et de la direction qui a échappé à tant de gens au fil des ans. Ce serait le moment où nous serions capables de nous débarrasser de la mentalité créée par le système imposé par la France . Avec cette mesure prise, les Camerounais passeraient de cette phase de seulement avoir un désir de changement à la phase de travailler pour le changement et de le réaliser. Une telle perspective n'est possible que lorsque nous avons mis de côté nos désespoirs et nos suspicions injustifiées. Ensuite, nous commencerons à nous épanouir avec la joie et l'exaltation que le rêve Camerounais original tient. Main dans la main, les Camerounais, en tant que union-nationalistes convaincus, crieront un «Non» fort au système, lui donneront la dernière poussée pour assurer son effondrement et son enterrement, puis veilleront à ce que le corps puant du système imposé par la France , qui est représenté aujourd'hui par le régime de Biya, ne se lève plus jamais pour hanter le nouveau système Camerounais humanisé, conçu de manière réaliste depuis 1910.

23 Mars 1995   *Tchouteu Janvier*

Chapitre Trois

Paul Biya, Le Chef d'état du Cameroun: Le Spectre de la Vie qui Hante le Peuple Camerounais

Si vous posez cette question aux tous les Camerounais avec une profonde perception du monde que "Qui est le chef d'état le plus malhonnête et illusoire en Afrique?", la réponse de la majorité absolue serait évidente. Notre locataire dans le Palais de l'Unité dans le quartier d'Etoudi à Yaoundé est le chef de l'État le plus décevant.

Le deuxième président du Cameroun est un mauvais chef de l'État. Son règne depuis longtemps a détruit la plupart des fondations du mode de vie et des valeurs progressistes du peuple Camerounais. Sans principes, sans scrupules et sans vision, il était suffisamment insaisissable durant ses premières années comme le président du Cameroun parce que Il a réussi à convaincre de nombreux de ses citoyens à le considérer comme un leader brillant. Oui, il s'est fait brillant et attrayant pour les peuples que qu'il gouvernait, même malgré ses véritables convictions qui étaient rétrograde, égocentrique et traître vis-à-vis du bien-être du peuple Camerounais.

Le deuxième président Camerounais est un démagogue qui a harangue concernant son New Deal de rigueur et de moralisation, quand il n'a jamais eu l'intention de travailler pour l'intérêt de tous les Camerounais. Il est arrivé au pouvoir avec le seul but de défendre les intérêts de son patron (la mafia dans l'establishment Français qui dirige la politique Africaine pour la France), pour améliorer le bien-être et la position sociale de son clique qui est compose des hommes d'affaires sans scrupules, des politiciens, des fonctionnaires et surtout le groupe ethnique de sa naissance.

Le deuxième président Camerounais est déshonorant, et il est un homme sans convictions. Il a commencé ses manifestations politiques comme un nationaliste Camerounais d'orientation socialiste, sous la bannière de l'Union des Populations du Cameroun (UPC), mais bientôt sans hésitation, il a jeté son vêtement nationalistes pour les haute postes que le system impose par la France a offert aux renégats de la lutte Camerounais par le régime d'Ahmadou Ahidjo que la France a présenté comme le premier chef d'Etat du Cameroun lorsque Charles De Gaulle et son pays a chaperonné le Cameroun Français pour devenir une membre de l'Organisation des Nations Unies le 1er janvier 1960 (la soi-disant indépendance du Cameroun). Avec un système qui avait a sa tète le régime Anglophobe de Ahmadou Ahidjo, une marionnette de la France , travaillant avec la France pour vaincre l'UPC et toute autre forme de nationalisme Camerounais (union-nationalisme), le gouvernement était une arène pour les doubles-parleurs et les doubles penseurs. Et Biya était l'un d'entre eux.

Ayant transféré sa fidélité à la gloire de la puissance nue dans manifesté par le régime soutenu par la France qui supervisait le génocide des forces nationalistes au Cameroun, Paul Biya a rapidement gagné le cœur de ses patron pour devenir le Premier Ministre en 1972, et plus tard le président du Cameroun en 1982. Après cela, il a jeté tous les aspects de ses liens avec le nationalisme Camerounais, et il est devenu un Francophile et manipulateur des Anglophones Camerounais. Aujourd'hui, c'est clair aux yeux de tous que Paul Biya se présente comme le chef des forces renégats qui peuvent éventuellement tuer le nationalisme-civique Camerounais et mener la nation vers l'abîme, en niant le pays la réalisation de son rêve centenaire de l'unité, l'indépendance, la prospérité et les opportunités ouvertes.

Paul Biya est sans but, sans visage, et il est paranoïaque. Ses longues années en pouvoir et la vacuité de son règne ont été masqués par la mafia FrancAfrique et ses collaborateurs Camerounais. Pendant ses premières années en tant que chef de l'État, Paul Biya a parlé de rigueur dans la mise en œuvre de l'éthique du travail, des règles, des lois, de la liberté, des droits de l'homme progressistes et des réformes économiques; quand il n'a jamais voulu voir le moindre changement dans le système anachronique que il a hérité de son prédécesseur Ahmadou Ahidjo, un système corrompu que la France a imposé au Cameroun. Biya n'a jamais eu la moindre intention de changer le cours de la dictature, de la corruption, de la kleptomanie et de la division qui était la règle du système et les attributs du pouvoir et des richesses que le système offrait. Une décennie après que il a prononcé le mot rigueur, le Cameroun qui avait le deuxième pays mondiale sur la base de taux de croissance économique, après la Corée du Sud en 1986 (même s'il a été à la traîne de ses vrai potentialités à l'époque), est aujourd'hui parmi les pays en Afrique avec l'économie qui est le moins prometteur.

La rhétorique de moralisation de Biya est une insulte inacceptable pour l'humanité. Alors même qu'il a promis de rendre a son règne une face morale où la gouvernance serait basé sur un programme pour améliorer la bonne conduite des affaires publiques, sociales, économiques et politiques, il a trahi ses promesse en présidant le pire dégénérescence d'un pays Africain qui n'est pas ravagé par la guerre.

Malheureusement pour les Camerounais, Paul Biya est un de ces produits regrettables de la nature qui ont la force de caractère qui est une négation de ce qu'on appelle le noyau d'un bon leadership. Ca ne dérange pas Paul Biya du tout que ses mauvais actions et son règne ont réduit les peuples Camerounais au niveau des mendiants, ont érodé leur sens du but, ont divisés leurs rangs, et ont leur rendu dans les bras de découragement, ont dénigré leur influence dans la politique nationale et internationale, et ont encouragé la corruption à la forme d'un art. Et surtout, c'est commode de Paul Biya en remplissant ses objectifs tordus qu'il a enveloppé le Cameroun dans l'embrayage et les caprices de la France .

De origines paysannes, Biya a appris, mais il à mal assimilé les valeurs aristocratiques. Le triste résultat de cela est son mépris injustifiés des masses d'où il avait ses origines. Comme un homme de savoir élevé, c'est regrettable que, malgré ses longues années de service dans le système, il possède encore tous les traits d'un pseudo-intellectuel et un pédant. Et c'est en raison de son conscience de sa faiblesse intellectuelle qu'il a développé un complexe d'infériorité masquée. C'est pourquoi il rejette, snobe et se dérobe à partir des bonnes idées de ses supérieurs intellectuels.

Le Cameroun est le seul pays en Afrique où les combattants de la lutte pour sa libération—les union-nationalistes —n'ont jamais été autorisés ou n'ont jamais été acceptées à la tête du pouvoir. Le Cameroun est le premier pays en Afrique où la France s'est profondément impliquée dans le génocide de ceux qui ont résisté de son mensonge (près d'un million de morts dans la guerre 1956-1970 contre l'UPC—directement et indirectement). La France a fais ca avec la collaboration du régime d'Ahmadou Ahidjo. En fait, le Cameroun est le seul pays en Afrique qui a été le plus cruellement violée par la France dans l'époque contemporaine. Même si les Camerounais sont l'une des peuples les plus dynamiques du continent Africain, ils n'ont jamais été libre pour exploiter leur potentiel et de construire leur pays en une grande nation que le Cameroun mérite vraiment d'être. Au lieu de cela, les Camerounais ont été abaissés par un complot ourdi pendant les années que Jacques Foccart était le dirigent de la politique

Française sur l'Afrique, une conspiration qui a effectivement utilisé les collaborateurs Camerounais, comme Paul Biya, en particulier.

Ca ne dérange pas le deuxième président Camerounais que le peuple Camerounais se suffoquent dans sa servitude. Il a perdu le contact avec les masses Camerounaises, la réalité Camerounaise et de la vie dans ses différentes formes. Cependant, contrairement à son homologue psychopathe, l'empereur de Rome Néro (Nero Claudius Caesar Augustus Germanicus), il a maîtrisé un art—l'art de garder le pouvoir, malgré l'opposition de ses citoyens. Et comme la plupart des mégalomanes et des expérimentateurs, il continuerait à expérimenter sa théorie de la rétention de pouvoir, en dépit de son impopularité. Il ne s'inquiète pas que le peuple Camerounais sont traînés vers l'abîme dans le processus.

Biya effectue sa théorie de la rétention de pouvoir sur le peuple Camerounais, une expérience ou essai qui va certainement détruire le meilleur de nos forces créatrices, si nous le laissons à persister. Par ailleurs, en continuant pour rester au pouvoir, Paul Biya et le système que la France a impose sur le Cameroun vont détruire la foi que nous avons dans notre rêve ; et le pire de tout, ils vont détruire la mère du progrès, qui est l'espoir que le peuple Camerounais de doivent pas perdre. Le triste résultat de la catastrophe du règne de Biya serait la mort du Cameroun. Pour l'esprit rationnel et l'avenir du Cameroun, c'est inacceptable. Le triste résultat de la catastrophe des années au pouvoir de Biya serait la mort du Cameroun.

Peut-être pour un peu plus longtemps, le spectre de vie qui représente le deuxième chef d'état Camerounais va continuer à hanter le peuple—traîtresse dans ses façons, impitoyable dans ses méthodes et nonchalant dans ses vues. C'est notre tâche inévitable, si ce n'est que pour le bénéfice de nos enfants, que nous nous levons, pour reprendre notre dignité, notre espoir et l'avenir de lui et de ses mécènes. Puis en suivant le cours naturel de l'histoire, nous limiterons lui et son héritage à la poubelle de l'histoire.

Janvier Tchouteu   28 Février 1995

Chapitre Quatre

La Voie Révolutionnaire de la Lutte Camerounaise pour la Démocratie, la Liberté, l'Harmonie Sociale et la Liberté Economique

Les révolutions sont nées lorsque le processus d'évolution ou de réforme et la volonté de changement, de progrès, de compromis et d'une paix juste sont arrêtés, entravés et réprimés par une minorité sans scrupule qui est égoïste, exploiteuse, détachée, discriminatoire et riche; et obtient enfin une réaction décisive, spontanée, déterminée et unie de la part des masses opprimées, trompées et en lutte exigeant un changement immédiat et radical du statu quo qui symbolise le système. L'humanité a connu des révolutions sous leurs différentes formes. Certains ont été idéologiques, religieux, économiques et sociaux; tandis que des actions moins générales telles que les actions des syndicats et de certains groupes marginalisés ont également eu leurs effets. Certains ont été violents, d'autres ont été pacifiques.

La lutte Camerounaise d'aujourd'hui, qui est dans sa troisième phase de libération réelle du pays et visant au progrès de ses enfants, se trouve dans une jonction révolutionnaire. C'est dans une jonction révolutionnaire après "dix" décennies de compromis évolutionnaire, de délires de réforme et de legs perfides de plusieurs luttes révolutionnaires échouées ou prématurées; et les sept dernières années au cours desquelles nous avons amorcé un processus de réforme illusoire. Cette voie culminante de rhétorique politique, d'expositions, de manœuvres, d'opposition et de plans de réforme controversés est parvenue à sa conclusion logique imposée dictée par le régime de Paul Biya et le système impose par la France au Cameroun. Oui, les aspects de la lutte Camerounaise qui exigeaient une voie d'évolution ou de réforme ont survécu à leurs buts. Ils ont dévoilé la nature diabolique, ethnocentrique, népotique, corrompue, oppressive, répressive et anti-peuple non seulement du régime de Biya, mais également du système et de ses commanditaires externes. La lutte à travers l'évolution historique a finalement été portée à la jonction, où la seule issue vers la démocratie, la liberté, la liberté, l'unité véritable, la prospérité, la plénitude et l'acceptation des Camerounais au sein de la communauté des nations est celle de la révolution avec ses vastes dimensions économiques, sociales, politiques et culturelles.

Aujourd'hui, plus que tout autre moment de notre histoire, les Camerounais qui sont prédisposés à voir, ceux qui ne le sont pas et qui doivent être convaincus par les signes visibles, et ceux qui ont dû être submergés par la dure réalité, sont maintenant dans la majorité en acceptant le fait qu'il est vain de s'engager dans une lutte pour changer le Cameroun sur la voie dictée par le système anachronique au Cameroun sous le régime de Paul Biya, une système qui est dirigé par la faction néo-colonialiste dans l'establishment politique français qui a un siège à l'Elysée . Les masses en lutte ont fini par comprendre que la liberté, la démocratie, la responsabilité, la loi, la stabilité et le progrès ne peuvent être réalisés au Cameroun seulement par une révolution. Mais comme c'est la logique de la réalité, ce moment de réalisation, cet aube d'une situation révolutionnaire est un moment:

- de l'inventaire
- du développement de formulations de pensée.

- Et de l'intensification d'enthousiasme révolutionnaire au sein des soldats révolutionnaires, de la classe révolutionnaire dans toutes ses couches et des amis de la révolution.

Le fait que le régime de Biya a abandonné toute prétention et a indiqué sa détermination à maintenir le pouvoir contre le souhait de la majorité de Camerounais qui constituent les masses en lutte, en souffrance, exploitées, patriotiques et dynamiques; le fait que le régime de Paul Biya, qui est aujourd'hui le gardien du système obsolète imposé par la France , a mis un terme à l'évolution démocratique et a initié un retour accéléré à une répression totale, complète et sans cœur, à un état d'autocratie et de dictature d'avant l'indépendance; est évidement un affront à l'ensemble du peuple Camerounais, un affront qui fait fi de leur dignité, de leurs espoirs et de leurs aspirations. Cette régression de l'évolution matérielle et spirituelle du Cameroun ouvre une phase inévitable de conflit dans nos vies:

- Devons-nous nous rendre aux décennies de torts du système et du régime de Biya, permettant ainsi d'enterrer nos espoirs de démocratie, de progrès et d'avenir, afin que même nos enfants nés et non nés deviennent des victimes?

- Sinon, devons-nous accepter nos responsabilités et confronter le système et le régime de Biya, le réduire une fois pour toutes et l'enterrer afin que les enfants Camerounais ne soient pas hantés par son héritage?

Accepter la première option est une capitulation dans sa pire forme. C'est un abandon de nos droits, de notre dignité, de notre liberté et de nous-mêmes à la dictature et à l'autocratie de Paul

Biya. C'est une acceptation que nous sommes prêts à être enchaînés pour l'éternité, et que nous sommes même prêts à sacrifier les chances de nos enfants pour un meilleur Cameroun, pour les éraflures que le régime de Biya nous donne. En bref, nous abandonnerions l'espoir d'un avenir en échange de l'esclavage et de l'absence d'une place dans la civilisation mondiale. Nous trahirions le Cameroun. Ceux qui ont accepté la deuxième option ont accepté la dure réalité qu'il n'y a pas de démocratie au Cameroun, alors même qu'il existe une politique multipartite, qu'il ne peut y avoir de changement démocratique dans un système pseudo-démocratique. C'est un rejet du mauvais système, du régime de Biya et de toutes les formes de son existence. C'est un rejet de son inhumanité; un mantra qu'un homme ne devrait pas être opprimé, réprimé, exploité, dégradé, humilié et discriminé par un autre. Ce rejet est une auto-rédemption de notre liberté et de notre potentiel de l'étouffement d'un autre, une affirmation de notre droit d'accéder à notre cerveau et à nos mains afin de nous élever à nos potentiels.

Les partisans de l'option révolutionnaire sont les union-nationalistes qui, dans leur développement psychosocial avancé, placent l'intérêt général du Cameroun et de la société, pour le progrès, au-dessus de leur intérêts personnel. Ces union-nationalistes jugent les autres Camerounais sur la base de leur nature patriotique dans la manifestation de leur identité Camerounaise dépassant leur identité religieuse, ethnique, linguistique, régionale et de clan, ainsi que de certains liens sociaux. Dans leur enthousiasme révolutionnaire, ces nationalistes patriotes consciencieux ne considéreraient pas comme un sacrifice de risquer leur vie pour la libération du Cameroun. On les trouve parmi l'intelligentsia, les fonctionnaires, les agriculteurs, les ouvriers, les commerçants, les hommes d'affaires, les chômeurs, les étudiants, ceux des forces de sécurité et de l'armée, les transporteurs et les bons Samaritains. Ce sont tous des patriotes qui ont considéré l'allégement du bien-être de la nation au-dessus des allégements individuels ou des allégements de groupes. Ce sont les nouveaux Camerounais, les union-nationalistes qui, dans leur conscience psychosociale avancée, ont compris que la voie révolutionnaire est la seule voie pouvant assurer la libération totale, universelle et complète du Cameroun.

Oui, aujourd'hui plus que jamais, encore plus qu'à l'ère de la lutte de libération infructueuse de l'UPC, nous sommes venus à accepter le fait que la voie révolutionnaire est la seule option qui nous reste, que nous devrions rompre avec tous les aspects négatifs de notre passé, qui est une incarnation du système impose par la France , un system jamais choisi par les Camerounais. Nous avons épuisé la lutte politique au cours d'un processus qui a duré trois décennies et qui a permis de révéler la nature rétrograde et antidémocratique du système aux Camerounais et au reste du monde, un système dont le visage est aujourd'hui le régime de Biya. Mais alors, nous devons réaliser que la révolution Camerounaise ne peut être réalisée que par une évolution psychosociale des Camerounais en hommes nouveaux les union-nationalistes qui, dans leur patriotisme, doivent assurer l'organisation, la discipline, la solidarité, la coopération, la transparence, l'unité, un sens d'un objectif commun et le dynamisme de faire partie de notre quotidien au-delà des intérêts linguistiques, ethniques, religieux, idéologiques, personnels ou de groupes. Ceci est incarné dans l'idée centenaire Camerounaise de notre union-nationalisme, la seule idée psychosociale avancée et globale qui transcende toutes les barrières sociales, politiques et culturelles. Ce n'est qu'en acceptant et en appliquant les idéaux de notre uinon-nationalisme que nous pourrons déterminer le rythme de la lutte révolutionnaire et en assurer la réalisation. Et même après cela, les Camerounais devront s'assurer que les objectifs révolutionnaires sont conformes à la réalité Camerounaise.

Il a été observé que ce n'est qu'avec ce sens de l'orientation que notre pays qui est potentiellement génial pourra prendre la place qui lui revient en Afrique et contribuer à ce que notre continent prenne sa place légitime dans la civilisation mondiale. Il est de notre devoir de le faire en nous révolutionnant et en poursuivant le rêve Camerounais longtemps attendu qui appelle à un changement total, complet et universel du système.

Janvier Tchouteu   *Juin 1997*

Chapitre Cinq

La Performance économique du Cameroun vis-à-vis du reste de la RÉGION D'AFRIQUE CENTRALE (en Dollars Américains)

Produit Intérieur Brut (PIB) par Habitant Nominal

No		1980	1981	1982	1983	1984	1985	1986	1987	1988	1989
	RÉGION D'AFRIQUE CENTRALE										
1	Cameroun	879	968	903	886	912	927	1,176	1,325	1,307	1,131
2	République Centrafricaine	309	312	295	276	262	336	426	458	482	467
3	Tchad	148	171	161	157	165	174	209	231	264	243
4	République Démocratique du Congo	519	437	460	359	232	205	223	204	229	226
5	Guinée Équatoriale	144	126	139	143	147	231	265	302	303	249
6	Gabon	5,722	5,049	4,630	4,337	4,081	4,206	5,386	3,987	4,302	4,601
7	Niger	449	376	338	292	228	218	279	317	314	291
8	Nigeria	885	885	746	492	347	331	255	264	284	267
9	République du Congo	1,304	1,037	877	774	690	686	911	1,073	1,108	1,101

No		1990	1991	1992	1993	1994	1995	1996	1997	1998	1999
	RÉGION D'AFRIQUE CENTRALE										
1	Cameroun	1,098	1,188	1,056	1,070	686	677	753	733	681	699
2	République Centrafricaine	534	499	487	416	265	334	290	277	287	283
3	Tchad	286	276	281	240	190	219	238	223	245	211
4	République Démocratique du Congo	227	213	186	235	124	116	145	128	92	82
5	Guinée Équatoriale	295	272	308	291	201	262	398	702	545	847
6	Gabon	6,400	5,628	5,649	5,332	4,032	4,655	5,214	4,759	3,908	3,965
7	Niger	321	292	284	260	177	192	199	177	195	183
8	Nigeria	348	304	267	161	179	356	431	323	291	310
9	République du Congo	1,254	1,185	1,237	1,099	703	817	981	871	711	834

No		2000	2001	2002	2003	2004	2005	2006	2007	2008	2009
	RÉGION D'AFRIQUE CENTRALE										
1	Cameroun	655	603	663	807	909	930	979	1,084	1,224	1,114
2	République Centrafricaine	247	246	256	289	316	329	352	398	455	439
3	Tchad	186	223	254	319	501	651	681	739	863	712
4	République Démocratique du Congo	80	95	100	99	111	118	141	156	75	162
5	Guinée Équatoriale	1,321	1,710	2,055	2,747	4,739	7,221	8,201	10,437	14,861	9,513
6	Gabon	4,204	3,815	3,894	4,665	5,395	6,354	6,829	8,075	9,994	7,421
7	Niger	155	163	181	224	238	269	282	322	392	371
8	Nigeria	390	361	471	524	662	824	1,039	1,153	1,401	1,110
9	République du Congo	1,109	935	982	1,107	1,430	1,820	2,245	2,370	3,264	2,561

No		2010	2011	2012	2013	2014	2015	2016	2017
	RÉGION D'AFRIQUE CENTRALE								
1	Cameroun	1,159	1,271	1,234	1,345	1,424	1,230	1,238	1,263
2	République Centrafricaine	459	495	480	329	363	332	364	400
3	Tchad	1,047	1,162	1,156	1,180	1,241	947	852	799
4	République Démocratique du Congo	293	339	369	424	453	470	467	466
5	Guinée Équatoriale	23,412	29,790	30,408	28,986	27,584	15,215	12,399	11,948
6	Gabon	8,917	10,891	9,903	9,761	9,956	7,754	7,453	7,584
7	Niger	378	411	431	462	482	409	412	421
8	Nigeria	2,365	2,583	2,798	3,042	3,268	2,763	2,208	2,092
9	République du Congo	3,364	3,951	3,556	3,561	3,493	2,067	1,855	1,794

Chapitre Six

Pays Africains, PIB (PPA) passé par habitant avec le Cameroun mis en évidence, comparé à ceux de certains pays d'autres continents (I)

Les Chiffres du FMI:

N°	Pays Africain	1980	1981	1982	1983	1984	1985	1986	1987	1988	1989
1	Algérie	2,537	2,772	3,032	3,216	3,414	3,543	3,519	3,504	3,452	3,663
2	Angola	1,694	1,725	1,783	1,882	2,016	1,908	1,951	2,038	2,178	2,201
3	Benin	569	613	642	633	639	665	677	662	686	671
4	Botswana	1,774	2,060	2,443	2,713	2,892	3,094	3,313	3,778	4,653	4,877
5	Burkina Faso	343	376	394	395	406	485	521	520	552	568
6	Burundi	264	315	322	337	340	380	390	411	434	444
7	Cameroun	1,028	1,279	1,419	1,534	1,666	1,808	1,920	1,880	1,740	1,722
8	Cap-Vert	573	661	702	777	815	887	908	948	1,011	1,079
9	République Centrafricaine	429	515	514	490	545	567	601	578	596	616
10	Tchad	401	382	416	488	520	564	596	620	673	695
11	Côte d'Ivoire	1,136	1,257	1,287	1,241	1,228	1,262	1,300	1,282	1,329	1,364
12	République Démocratique du Congo	346	370	378	386	406	407	422	431	434	430
13	Djibouti										
14	Egypte	1,294	1,406	1,558	1,717	1,872	2,014	2,102	2,207	2,326	2,433
15	Guinée Équatoriale	470	506	511	506	495	537	501	502	498	476
16	Ethiopie	295	315	328	356	350	309	335	381	383	383
17	Erythrée										
18	Gabon	7,570	7,777	8,405	8,720	9,287	9,905	9,698	8,261	8,653	10,143
19	Gambie	801	747	922	1,047	964	989	994	1,010	1,021	1,062
20	Ghana	637	696	667	636	678	721	750	797	879	930
21	Guinée										

N°	Pays Africain	1980	1981	1982	1983	1984	1985	1986	1987	1988	1989
22	Guinée-Bissau	590	628	680	669	717	755	748	796	823	861
23	Kenya	650	713	767	782	796	824	870	915	970	1,018
24	Lesotho	366	402	439	446	496	521	547	539	591	636
25	Libéria										
26	Libye	13,879	11,603	11,935	11,346	10,347	10,784	9,406	7,917	7,809	8,309
27	Madagascar	608	588	587	612	598	606	614	621	646	678
28	Malawi	319	321	341	357	377	389	376	369	371	371
29	Mali	344	357	392	375	381	374	403	411	411	464
30	Mauritanie	752	831	841	893	927	950	1,003	1,037	1,080	1,118
31	Maurice	1,950	1,953	2,155	2,350	2,439	2,611	2,878	3,257	3,651	3,979
32	Maroc	1,148	1,189	1,348	1,361	1,440	1,540	1,666	1,632	1,822	1,892
33	Mozambique	197	220	212	181	173	177	174	204	226	248
34	Namibie										
35	Niger	461	487	510	493	411	442	465	464	497	505
36	Nigeria	694	892	912	876	867	941	853	761	823	883
37	République du Congo	1,393	1,517	1,599	1,651	1,701	1,740	1,766	1,803	2,206	2,612
38	Rwanda	369	399	398	423	484	504	525	520	522	494
39	São Tomé et Príncipe	945	909	973	950	903	990	928	902	925	962
40	Sénégal	681	762	847	811	847	875	895	948	946	991
41	Seychelles	4,404	4,558	4,735	4,892	5,263	5,933	6,072	6,280	6,817	7,755
42	Sierra Leone	586	637	674	674	707	666	667	688	711	756
43	Afrique du Sud	3,930	4,416	4,551	4,528	4,817	4,786	4,782	4,914	5,182	5,389
44	Soudan	564	636	683	680	636	634	693	738	782	802
45	Swaziland	1,076	1,311	1,368	1,398	1,495	1,549	1,719	1,958	2,084	2,363
46	Tanzanie	387	415	427	426	430	447	467	494	523	545
47	Togo	611	627	551	523	552	569	579	561	617	646
48	Tunisie	1,889	2,121	2,186	2,323	2,520	2,655	2,575	2,768	2,817	2,946
49	Ouganda	274	302	337	356	347	336	334	345	373	397
50	Zambie	816	921	919	916	906	917	926	938	1,030	999
51	Zimbabwe										

Pays Sélectionnés du Monde:

N°	Pays Africain	1980	1981	1982	1983	1984	1985	1986	1987	1988	1989
1	Australie	10,010	11,223	11,711	11,948	13,032	14,004	14,404	15,237	16,121	17,194
2	Brésil	3,761	3,841	4,005	3,930	4,197	4,563	4,912	5,132	5,220	5,486
3	Canada	11,115	12,423	12,652	13,375	14,546	15,559	16,128	17,084	18,308	19,165
4	Chili	2,943	3,341	3,017	3,001	3,246	3,355	3,563	3,843	4,193	4,732
5	Chine	251	285	324	369	435	502	550	621	704	749
6	Colombie	2,443	2,673	2,801	2,895	3,040	3,252	3,445	3,659	3,858	4,056
7	France	9,987	10,937	11,816	12,372	12,975	13,545	14,107	14,807	15,916	17,139
8	Allemagne	9,919	10,840	11,418	12,097	12,958	13,677	14,307	14,936	15,929	17,008
9	Indie	419	477	515	558	593	627	658	690	757	821
10	Indonesie	730	842	896	951	1,035	1,072	1,138	1,204	1,292	1,413
11	Iran	3,008	3,332	3,889	4,288	4,418	4,559	4,086	4,013	3,482	3,745
12	Irak										
13	Irlande	7,008	7,761	8,269	8,475	9,011	9,435	9,683	10,310	11,033	12,165
14	Israël	7,270	8,173	8,639	9,058	9,449	10,005	10,426	11,355	11,958	12,322
15	Japon	8,534	9,653	10,514	11,187	12,046	13,115	13,711	14,618	16,133	17,572
16	Malaisie	2,350	2,682	2,940	3,168	3,456	3,419	3,441	3,637	4,035	4,459
17	Mexique	4,980	5,773	5,956	5,846	6,140	6,330	6,143	6,304	6,475	6,864
18	Arabie Saoudite	16,663	18,170	16,322	14,831	14,202	13,332	13,638	12,832	13,680	13,528
19	Corée du Sud	2,302	2,663	3,012	3,462	3,897	4,273	4,853	5,552	6,350	6,965
20	Royaume-Uni	8,381	9,041	9,804	10,557	11,227	11,953	12,678	13,612	14,759	15,622
21	États Unis	12,249	13,600	14,015	15,089	16,635	17,690	18,538	19,511	20,821	22,169

Estimations du FMI entre 1990 et 1999

N°	Pays Africain	1990	1991	1992	1993	1994	1995	1996	1997	1998	1999
1	Algérie	3,802	3,796	3,853	3,766	3,728	3,872	4,024	4,071	4,260	4,392
2	Angola	2,149	2,186	2,050	1,550	1,560	1,781	2,102	2,193	2,156	2,195
3	Benin	737	771	789	829	840	884	914	956	978	1,016
4	Botswana	5,312	5,661	5,637	5,848	5,722	6,176	6,454	7,034	7,656	8,265
5	Burkina Faso	569	625	623	640	644	676	744	784	828	868
6	Burundi	463	493	496	476	459	424	390	392	408	410
7	Cameroun	1,627	1,573	1,515	1,456	1,408	1,444	1,503	1,564	1,616	1,665
8	Cap-Vert	1,098	1,122	1,151	1,229	1,305	1,399	1,507	1,612	1,726	1,913
9	République Centrafricaine	606	603	584	573	592	614	559	597	614	634
10	Tchad	726	811	830	811	853	814	826	867	914	898
11	Ivory Coast	1,346	1,341	1,317	1,384	1,375	1,440	1,543	1,615	1,663	1,678
12	République Démocratique du Congo	404	371	329	282	268	266	262	247	241	229
13	Djibouti		2,184	2,159	1,990	1,946	1,857	1,760	1,726	1,698	1,729
14	Egypte	2,563	2,654	2,670	2,751	2,868	2,997	3,131	3,307	3,519	3,710
15	Guinée Équatoriale	453	433	558	591	657	730	1,149	2,709	3,143	3,714
16	Ethiopie	395	367	331	371	379	398	445	456	431	451
17	Erythrée			513	593	730	756	828	889	890	875
18	Gabon	10,838	11,537	11,099	11,513	11,895	12,436	12,812	13,450	13,732	12,378
19	Gambie	1,120	1,138	1,169	1,198	1,227	1,174	1,232	1,259	1,317	1,364
20	Ghana	974	1,033	1,073	1,119	1,153	1,194	1,240	1,295	1,342	1,390
21	Guinée	645	652	661	680	695	718	747	781	808	840
22	Guinée-Bissau	916	976	990	1,012	1,045	1,091	1,140	1,211	874	936
23	Kenya	1,066	1,085	1,068	1,062	1,084	1,128	1,169	1,165	1,193	1,212
24	Lesotho	685	715	757	780	824	815	876	902	967	964
25	Libéria										
26	Libye	9,500	11,161	10,878	10,469	10,678	9,329	9,559	9,462	9,339	9,325
27	Madagascar	706	665	669	678	671	676	683	700	714	736

N°	Pays Africain	1990	1991	1992	1993	1994	1995	1996	1997	1998	1999
28	Malawi	392	431	404	450	410	470	517	547	544	556
29	Mali	500	549	528	544	558	566	601	626	646	677
30	Mauritanie	1,139	1,180	1,199	1,266	1,222	1,337	1,406	1,340	1,359	1,435
31	Maurice	4,304	4,691	5,232	5,834	6,164	6,491	6,555	6,844	7,437	7,816
32	Maroc	2,036	2,209	2,129	2,115	2,341	2,193	2,465	2,411	2,582	2,590
33	Mozambique	259	280	267	290	306	311	355	392	434	468
34	Namibie	3,075	3,217	3,468	3,375	3,517	3,602	3,643	3,760	3,832	3,871
35	Niger	502	516	477	478	491	452	468	462	509	506
36	Nigeria	1,005	1,005	1,006	1,022	1,024	1,015	1,056	1,076	1,087	1,079
37	République du Congo	2,658	2,735	2,787	2,737	2,565	2,645	2,811	2,763	2,817	2,706
38	Rwanda	503	483	527	468	416	540	496	562	590	590
39	São Tomé et Príncipe	950	968	969	990	1,014	1,036	1,052	1,061	1,080	1,103
40	Sénégal	993	1,025	1,034	1,043	1,037	1,087	1,101	1,126	1,176	1,238
41	Seychelles	8,613	9,043	9,876	10,608	10,290	10,401	11,489	12,964	13,174	13,353
42	Sierra Leone	780	727	656	654	675	605	485	396	387	351
43	Afrique du Sud	5,458	5,472	5,363	5,431	5,609	5,782	6,026	6,182	6,181	6,325
44	Soudan										
45	Swaziland	2,615	2,683	2,765	2,847	2,910	3,042	3,124	3,195	3,307	3,435
46	Tanzanie	590	604	603	605	609	626	648	665	678	706
47	Togo										
48	Tunisie	3,177	3,351	3,624	3,712	3,837	3,994	4,249	4,497	4,713	5,004
49	Ouganda										
50	Zambie	1,000	998	1,012	1,005	863	824	865	879	845	868
51	Zimbabwe										

Pays Sélectionnés du Monde

N°	Pays	1990	1991	1992	1993	1994	1995	1996	1997	1998	1999
1	Australie	17,811	18,012	18,737	19,716	20,880	21,709	22,772	23,869	25,085	26,177
2	Brésil	5,363	5,517	5,530	5,822	6,164	6,469	6,632	6,872	6,849	6,864
3	Canada	19,641	19,659	20,060	20,743	21,961	22,810	23,375	24,546	25,621	27,216
4	Chili	5,010	5,508	6,225	6,696	7,113	7,911	8,533	9,129	9,405	9,352
5	Chine	796	888	1,027	1,183	1,351	1,513	1,679	1,849	1,998	2,164
6	Colombie	4,305	4,471	4,682	4,964	5,235	5,528	5,657	5,878	5,886	5,650
7	France	18,180	18,925	19,514	19,704	20,487	21,315	21,883	22,682	23,642	24,635
8	Allemagne	18,324	19,669	20,283	20,373	21,265	22,027	22,567	23,331	23,991	24,753
9	Indie	883	916	960	1,007	1,070	1,150	1,237	1,316	1,385	1,455
10	Indonesie	1,543	1,681	1,802	1,957	2,114	2,297	2,495	2,628	2,283	2,308
11	Iran	4,540	5,166	5,001	5,077	5,092	5,152	5,766	6,224	6,371	6,487
12	Irak										
13	Irlande	13,623	14,257	14,995	15,595	16,806	18,600	20,255	22,625	24,407	26,941
14	Israël	13,293	13,951	14,762	15,080	15,891	17,253	18,011	18,450	18,966	19,446
15	Japon	19,203	20,464	21,046	21,478	22,059	22,897	23,890	24,641	24,355	24,618
16	Malaisie	4,839	5,406	5,906	6,362	6,900	7,523	8,244	8,797	8,057	8,464
17	Mexique	7,357	7,790	8,109	8,344	8,768	8,247	8,727	9,387	9,829	10,186
18	Arabie Saoudite	14,495	15,595	15,717	15,763	15,814	15,788	16,235	16,544	16,793	16,507
19	Corée du Sud	7,829	8,806	9,436	10,152	11,162	12,288	13,294	14,176	13,420	14,971
20	Royaume-Uni	16,306	16,590	16,965	17,686	18,783	19,704	20,609	21,635	22,657	23,746
21	États Unis	23,198	23,648	24,700	25,629	26,907	27,827	29,077	30,541	31,858	33,502

Estimations du FMI entre 2000 et 2009

Nº	Pays Africain	2000	2001	2002	2003	2004	2005	2006	2007	2008	2009
1	Algérie	4,503	4,660	4,886	5,254	5,622	6,069	6,296	6,573	6,777	6,910
2	Angola	2,244	2,299	2,600	2,664	2,954	3,329	4,034	4,954	5,615	5,661
3	Benin	1,051	1,105	1,135	1,167	1,196	1,246	1,298	1,360	1,420	1,433
4	Botswana	8,840	9,251	10,127	10,869	12,270	12,513	13,472	14,344	14,920	14,166
5	Burkina Faso	886	937	963	1,026	1,000	1,097	1,168	1,217	1,279	1,303
6	Burundi	407	403	404	411	453	470	502	530	558	572
7	Cameroun	1,724	1,792	1,817	1,877	1,944	1,954	2,025	2,096	2,137	2,142
8	Cap-Vert	2,029	2,175	2,285	2,401	2,357	2,603	2,915	3,212	3,438	3,554
9	République Centrafricaine	651	657	650	605	628	658	691	723	739	733
10	Tchad	887	988	1,062	1,137	1,513	1,648	1,663	1,672	1,695	1,651
11	Ivory Coast	1,600	1,606	1,580	1,562	1,551	1,580	1,595	1,619	1,644	1,674
12	République Démocratique du Congo	213	213	218	228	243	262	277	294	310	312
13	Djibouti	1,733	1,771	1,812	1,876	1,956	2,042	2,155	2,274	2,399	2,484
14	Egypte	3,912	4,052	4,165	4,304	4,514	4,762	5,157	5,505	5,901	6,112
15	Guinée Équatoriale	4,157	6,436	7,593	8,585	12,125	13,252	13,462	16,347	17,975	18,665
16	Ethiopie	475	508	511	498	560	633	710	796	881	955
17	Erythrée	755	808	811	773	789	751	742	749	669	681
18	Gabon	12,105	12,336	12,196	12,451	12,634	13,081	13,329	14,126	14,559	14,298
19	Gambie	1,428	1,493	1,420	1,501	1,571	1,559	1,576	1,639	1,736	1,822
20	Ghana	1,443	1,504	1,559	1,632	1,928	2,030	2,168	2,316	2,503	2,565
21	Guinée	866	902	937	950	936	952	987	1,011	1,061	1,043
22	Guinée-Bissau	926	943	922	922	923	944	973	1,011	1,061	1,043
23	Kenya	1,217	1,271	1,269	1,304	1,335	1,399	1,490	1,593	1,605	1,616
24	Lesotho	1,017	1,067	1,093	1,153	1,228	1,305	1,475	1,581	1,681	1,746
25	Libéria	428	435	449	311	354	363	388	417	425	423
26	Libye	9,681	9,279	9,123	10,312	10,787	11,566	12,484	13,532	14,285	14,146
27	Madagascar	763	803	695	757	795	833	879	936	998	941
28	Malawi	558	535	533	562	606	606	620	680	732	784

N°	Pays Africain	2000	2001	2002	2003	2004	2005	2006	2007	2008	2009
29	Mali	654	726	746	795	854	915	963	1,002	1,043	1,068
30	Mauritanie	1,456	1,496	1,501	1,581	1,666	1,767	1,986	2,016	2,083	2,031
31	Maurice	8,476	8,804	9,018	9,501	10,186	10,489	11,231	12,118	13,029	13,495
32	Maroc	2,667	2,896	3,004	3,224	3,415	3,585	3,945	4,124	4,402	4,619
33	Mozambique	475	534	581	619	664	711	782	847	907	955
34	Namibie	4,064	4,201	4,401	4,608	5,169	5,532	6,007	6,399	6,640	6,560
35	Niger	489	524	544	576	581	624	661	681	740	718
36	Nigeria	1,130	1,216	1,457	1,598	1,773	1,796	1,916	2,052	2,164	2,276
37	République du Congo	2,890	2,981	3,079	3,080	3,473	3,566	3,801	3,741	3,923	4,140
38	Rwanda	567	602	673	691	759	856	948	1,008	1,122	1,157
39	São Tomé et Príncipe	1,112	1,152	1,175	1,261	1,355	1,534	1,757	1,816	1,993	2,061
40	Sénégal	1,274	1,329	1,327	1,412	1,470	1,565	1,617	1,705	1,765	1,777
41	Seychelles	14,096	14,075	14,210	13,645	16,715	18,357	19,737	22,202	21,972	22,232
42	Sierra Leone	363	424	529	567	601	640	687	731	769	782
43	Afrique du Sud	6,643	6,900	7,188	7,478	8,000	8,654	9,334	9,934	10,404	10,236
44	Soudan	1,294	1,374	1,450	1,552	1,628	1,700	1,883	2,105	2,164	2,195
45	Swaziland	3,567	3,641	3,736	3,937	4,111	4,336	4,554	4,759	4,940	4,979
46	Tanzanie	732	773	825	882	942	1,009	1,094	1,181	1,270	1,342
47	Togo	685	669	655	684	696	754	790	811	828	844
48	Tunisie	5,273	5,602	5,731	6,115	6,653	7,182	7,757	8,401	8,888	9,165
49	Ouganda	689	718	768	809	933	901	998	1,077	1,158	1,212
50	Zambie	909	952	977	1,025	1,084	1,130	1,211	1,291	1,361	1,428
51	Zimbabwe	833	859	794	666	294	452	451	446	373	399

Les Pays Sélectionnés du Monde

N°	Pays	2000	2001	2002	2003	2004	2005	2006	2007	2008	2009
1	Australie	27,250	28,211	29,439	30,628	32,131	33,603	35,056	37,069	38,003	38,227
2	Brésil	7,207	7,358	7,563	7,698	8,231	8,603	9,164	9,894	10,526	10,498
3	Canada	28,993	29,862	30,898	31,843	33,409	35,150	36,934	38,427	39,095	37,946
4	Chili	9,855	10,285	10,550	11,024	11,898	12,741	13,759	14,742	15,373	15,189
5	Chine	2,379	2,616	2,881	3,217	3,614	4,102	4,747	5,548	6,185	6,792
6	Colombie	5,855	6,010	6,181	6,477	6,898	7,340	7,988	8,683	9,082	9,220
7	France	25,972	26,846	27,346	27,978	29,176	30,406	32,006	33,470	33,959	33,238
8	Allemagne	26,090	27,066	27,464	27,921	29,079	30,221	32,449	34,567	35,682	34,330
9	Indie	1,534	1,599	1,673	1,798	1,973	2,190	2,441	2,724	2,916	3,098
10	Indonesie	2,429	2,538	2,657	2,803	2,979	3,185	3,420	3,690	3,942	4,110
11	Iran	6,855	7,185	7,769	8,360	9,043	9,869	10,651	11,489	11,640	12,051
12	Irak						2,958	3,149	3,196	3,480	3,569
13	Irlande	29,703	31,353	33,129	34,677	36,577	38,662	40,981	43,341	42,178	39,311
14	Israël	21,242	21,230	21,034	21,395	22,664	24,170	25,887	27,497	28,610	28,526
15	Japon	25,669	26,280	26,726	27,697	29,014	30,446	31,964	33,609	34,014	32,509
16	Malaisie	9,174	9,140	9,506	10,027	10,718	11,380	12,270	13,269	14,033	13,771
17	Mexique	10,873	10,821	10,875	11,136	11,959	12,483	13,367	13,971	14,217	13,248
18	Arabie Saoudite	17,261	17,322	17,203	18,457	19,487	21,236	21,674	22,006	22,676	22,186
19	Corée du Sud	16,503	17,417	18,859	19,697	21,138	22,783	24,656	26,579	27,707	28,008
20	Royaume-Uni	25,255	26,537	27,585	29,043	30,653	32,090	33,794	35,751	35,907	34,460
21	États Unis	35,252	36,065	36,950	38,325	40,401	42,629	44,750	46,467	46,901	45,348

Estimations du FMI entre 2010 and 2017

Pays (ou Territoire Dépendant)	2010	2011	2012	2013	2014	2015	2016	2017
Algérie	12,668	13,027	13,432	13,737	14,212	14,581	14,955	15,237
Angola	5,893	6,066	6,308	6,649	6,881	6,955	6,783	6,753
Benin	1,782	1,821	1,890	2,003	2,111	2,121	2,175	2,277
Botswana	12,839	13,734	14,439	16,145	16,916	16,613	17,345	17,828
Burkina Faso	1,392	1,470	1,548	1,616	1,667	1,700	1,793	1,889
Burundi	711	732	755	788	814	767	745	735
Cap-Vert	5,883	6,206	6,195	6,268	6,342	6,396	6,643	6,944
Cameroun	2,807	2,910	3,023	3,159	3,322	3,461	3,572	3,660
République Centrafricaine	883	913	949	599	604	628	652	677

Tchad	2,195	2,188	2,366	2,480	2,633	2,642	2,443	2,344
Comores	1,453	1,477	1,508	1,544	1,560	1,552	1,563	1,588
République Démocratique du Congo	563	597	632	676	732	768	773	790
République du Congo	6,253	6,438	6,642	6,800	7,215	7,302	7,011	6,642
Côte d'Ivoire	2,603	2,480	2,711	2,934	3,167	3,396	3,631	3,883
Djibouti	2,544	2,710	2,814	2,921	3,066	3,211	3,369	3,559
Egypte	10,851	11,022	11,210	11,448	11,717	12,042	12,551	12,671
Guinée Équatoriale	45,141	47,719	51,187	48,499	47,701	42,648	37,985	36,017
Erythrée	1,196	1,296	1,380	1,435	1,470	1,493	1,509	1,581
Ethiopie	1,111	1,243	1,354	1,489	1,645	1,807	1,945	2,161
Gabon	15,326	16,138	16,665	17,196	18,020	18,655	19,018	19,254

Gambie	1,611	1,525	1,589	1,640	1,633	1,670	1,677	1,713
Ghana	3,100	3,519	3,819	4,061	4,191	4,290	4,394	4,729
Guinée	1,530	1,607	1,690	1,740	1,791	1,828	1,926	2,041
Guinée-Bissau	1,462	1,578	1,546	1,587	1,596	1,675	1,755	1,845
Kenya	2,605	2,750	2,842	2,978	3,104	3,227	3,364	3,491
Lesotho	2,560	2,780	2,963	3,068	3,208	3,296	3,425	3,581
Libéria	1,117	1,197	1,288	1,388	1,387	1,366	1,329	1,354
Libye	31,094	10,792	23,282	14,987	7,175	6,246	5,801	9,986
Madagascar	1,362	1,372	1,400	1,414	1,446	1,466	1,505	1,551
Malawi	977	1,016	1,025	1,065	1,114	1,127	1,134	1,167
Mali	1,823	1,863	1,826	1,843	1,945	2,017	2,091	2,170
Mauritanie	3,571	3,720	3,911	4,116	4,321	4,305	4,328	4,444

Maurice	15,297	16,194	16,977	17,762	18,698	19,537	20,542	21,640
Maroc	6,452	6,846	7,095	7,446	7,692	8,045	8,160	8,567
Mozambique	896	952	1,010	1,069	1,137	1,192	1,219	1,244
Namibie	8,641	9,132	9,592	10,104	10,734	11,284	11,335	11,312
Niger	866	876	968	1,004	1,066	1,086	1,121	1,164
Nigeria	5,128	5,342	5,522	5,755	6,062	6,122	5,936	5,929
Rwanda	1,358	1,465	1,577	1,641	1,754	1,884	1,973	2,080
São Tomé et Príncipe	2,529	2,631	2,727	2,817	2,912	2,986	3,074	3,180
Sénégal	2,138	2,158	2,229	2,277	2,342	2,448	2,572	2,727
Seychelles	19,520	21,553	22,536	23,834	24,969	25,988	27,308	28,779
Sierra Leone	1,209	1,282	1,470	1,763	1,818	1,430	1,506	1,553
Somalie								

Afrique du Sud	11,816	12,281	12,600	12,930	13,204	13,311	13,345	13,545
Soudan du Sud		3,562	1,644	2,063	2,066	1,995	1,657	1,503
Soudan	3,618	4,484	4,126	4,276	4,289	4,412	4,469	4,580
Swaziland	8,268	8,503	8,853	9,317	9,712	9,808	9,814	9,882
Tanzanie	2,141	2,301	2,407	2,572	2,745	2,910	3,090	3,283
Togo	1,206	1,255	1,318	1,383	1,445	1,497	1,550	1,611
Tunisie	10,315	10,204	10,694	11,020	11,355	11,487	11,631	11,987
Ouganda	1,920	2,026	2,044	2,112	2,185	2,267	2,281	2,352
Zambie	3,197	3,343	3,553	3,679	3,802	3,836	3,896	3,997
Zimbabwe	1,633	1,921	2,120	2,205	2,249	2,247	2,233	2,277

En utilisant le PIB par habitant ou le produit intérieur brut par habitant (en divisant la production totale d'un pays par le nombre d'habitants) sur la base de la parité de pouvoir d'achat (PPA) comme l'un des paramètres permettant d'améliorer le niveau de vie des citoyens d'un pays, Nous observons clairement que le PIB par habitant de l'Afrique a à peine triplé au cours des trois dernières décennies, alors que le reste de la planète a plus que quintuplé. Et avec l'inflation réduisant de moitié la valeur de la production ou de la richesse toutes les deux décennies, il devient évident que le niveau de vie de la plupart des pays Africains a baissé au cours des trente dernières années, alors que le monde en général a vu la qualité de vie de ses citoyens s'améliorer considérablement.

Le Cameroun, en particulier, apparaît comme le pays le plus mal géré au monde depuis une génération, comme le seul pays à n'avoir connu ni guerre ni guerre civile, encore réussi à appauvri ses citoyens par le vol, la corruption, la mauvaise gestion et l'incompréhension plus que les autres. Souvent appelé "L'Esprit Malade de l'Afrique" en raison du système usurpateur imposé par la France mis en place en 1958 qui agit à l'encontre des intérêts de la majorité des citoyens du Cameroun (l'un des plus dynamiques d'Afrique), le régime du président Paul Biya au pouvoir depuis 36 ans exacerbe la maladie par son mépris flagrant du choix et du bien-être du peuple Camerounais. Comme indiqué dans les années coloriées en rouge, le régime de Biya est une entité bizarre qui réussit à se déclarer vainqueur des élections, malgré la crise et la récession que le pays a connues. Après tout, il a mis au point le mécanisme de truquage électoral le plus efficace au monde.

Il a été observé avec clarté que le Cameroun et l'Afrique risquent être coincé à jamais dans l'inertie si le Cameroun - «L'Esprit Malade de l'Afrique», et La République Démocratique du Congo - «Le Cœur Malade de l'Afrique», ne gagnent pas des place parmi les pays Africains avec un sens de l'orientation, et s'ils ne prennent pas leur places comme certains des piliers du progrès économique, politique et démocratique pour l'Afrique Nouvelle en cours. Ces pays doivent libérer le potentiel piégé de leur peuple, prendre leur place en tant que dirigeants de l'Afrique centrale et "Le Cœur de l'Afrique" et à renforcer leurs rôles en tant que carrefour de la coopération inter-Africaine, du commerce, de l'éducation, de la connectivité des infrastructures et des télécommunications et des entreprises communes. La région d'Afrique centrale a besoin de nouveaux systèmes avancés, progressives et démocratiques en place pour faciliter le développement de ces pays et faciliter également la réalisation de l'union économique et de l'intégration politique de l'Afrique (une Union Africaine qui marche)—la structure optimale dont l'Afrique a besoin pour sortir sa population de la pauvreté. C'est ce que serait le miracle économique Africain.

Janvier Tchouteu   *Septembre 2018*

Chapitre Sept

Le Cœur Hanté de l'Afrique

Un spectre se profile dans la vie de tous les enfants Camerounais—les homme ou les femme. C'est le président qui vit dans le pays au milieu de l'Afrique, la terre qui est souvent décrit comme le microcosme du continent. Le spectre, c'est président Paul Biya du Cameroun. Lorsque des rumeurs se répandent comme une traînée de poudre en Juin 2004 qu'il venait de mourir, il y avait des scènes de liesse répandues dans tout le demi-million de kilomètres carrés du territoire appelée Le Cameroun. Quelques jours après, il est rentré de l'étranger où il avait passé par intermittence environ six mois chaque année depuis plus de deux décennies, et il a ensuite déclaré aux sycophantes attendant de le recevoir à l'aéroport qu'il y aurait un... "Rendez-vous dans 20 ans avec ceux qui me veulent mort..."

Les Camerounais ne sont pas les seuls qui lui ont mécru lorsqu'il a fait cette déclaration, entre autres choses. Beaucoup de ceux qui suivent les développements politiques dans le monde en général et en Afrique et au Cameroun en particulier, étaient étonnés de son audace. Après tout, plus de 80% de la population Camerounaise détestait son règne; il était déjà au pouvoir depuis plus de deux décennies comme le chef de l'État, après avoir été Premier Ministre du pays (1972-1982), ou comme la deuxième personne la plus puissante dans le système mis en place par la marionnettiste (La France). Mais Paul Biya a prouvé que tout le monde n'était pas correct de leur avis de lui. Il réalisera une autre mascarade électorale et se déclara vainqueur des élections présidentielles en Octobre de 2004, et puis il a modifié la constitution du Cameroun en 2008, pour lui permettrait de briguer a deux autres mandats présidentiels de 7 ans (malgré la mort de 150 Camerounais—qui ont proteste et qui ont été tuer, une tragédie causée par ses forces des armes), ce qui signifie qu'il pourrait être président jusqu'à l'année 2025 (un record de 43 années au pouvoir) quand il serait âgé de 92 ans. Au moment que Biya a tenu une autre mascarade appelée élection présidentielle en Octobre 2011, il avait déjà humilié avec succès les chefs de l'opposition qui sont reconnus au niveau international (les soi-disant leaders de l'opposition sont tous les anciens membres du parti unique du pays de 1972 à 1990, une partie que Paul Biya a dirigé depuis 1984), a promis de leur donner des positions dans son gouvernement, et il a fait savoir en termes clairs que le système et le marionnettiste (France) ne permettraient jamais un changement politique au Cameroun.

Le vieux de 81 ans, Paul Biya, est diversement décrite comme le Maradona (il simule et remporte les élections, tout comme Maradona a truqué et a marqué un but avec sa "Main de Dieu ") de la politique Camerounais et Africains, le maître de la parricide présidentielle (il dévorait son prédécesseur qui a remis le pouvoir à lui— menant a l'exile du premier président Camerounais Ahmadou Ahidjo, le conduisant à sa mort et son enterrement à l'étranger (le Sénégal), le président absent, le président vindicatif, le président mal, etcetera, etcetera.

Pendant son histoire comme une colonie Allemande depuis 1884-1916, le Kamerun a été considéré comme une « Perle d'Afrique » pour son économie robuste et le taux d'alphabétisation le plus élevé dans le continent. Malgré la période d'instabilité au cours de la guerre de libération qui a pris fin quand les maîtres de tutelle (la France)ont remet le pouvoir à ceux qui n'ont jamais demandé et n'ont jamais se sont battus pour le pouvoir (les marionnettes qui constituent le système impose sur le Cameroun, malgré la récupération de son agriculture et la découverte du pétrole dans les années 1970 qui a aidé le Cameroun à émerger comme le huitième plus grande économie de l'Afrique et la deuxième en croissance la plus rapide du monde au début des années 1980, le Cameroun est aujourd'hui dans une forme horrible. Les économistes s'attendaient l'économie Camerounais à croître vingt fois au cours des trente prochaines années, mais l'économie n'a pas réussi à doubler. Tout a changé après Paul Biya a été remis le pouvoir en Novembre 1982 par le premier président Français installé Ahmadou Ahidjo. Depuis lors, le Cameroun a connu le plus grand détournement des fonds publics (proportionnellement) à un rythme qui n'a jamais été vu en Afrique. En fait, le Cameroun de Paul Biya détient le record en tant que le pays en Afrique qui a connu le pire appauvrissement en temps de paix depuis 1960.

Aujourd'hui, Paul Biya est à la tête d'un pays où plus de 80% de ses médecins sont à l'étranger, où plus de 90 % de ses titulaires de doctorat sont à l'étranger, où les Camerounais investissent à l'étranger plus que chez lui, où les Camerounais votent contre le système avec leurs pieds; aujourd'hui, les voisins du Cameroun qui, auparavant, enviaient le pays en raison de ses niveaux de vie élevés et donc ont considéré le Cameroun comme un lieu de refuge et de possibilités, trouveraient maintenant que les Camerounais les envieraient car ils vont de l'avant avec un sens de l'orientation alors que le Cameroun est en retard dans sa spirale vers une déclin économique, sociale et politique qui est totale, complète et terrible.

Les gens qui sont peu familières avec la situation Camerounaise se demanderont pourquoi une telle situation catastrophique persiste au Cameroun. Eh bien; la réponse est simple. Le Cameroun se trouve aujourd'hui dans une situation comme quelqu'un dans un sable mouvant en raison du système anachronique mis en place par la France Gaulliste lorsque le général Charles De Gaulle est revenu au pouvoir en 1958 et a décidé de transformer les anciennes colonies et territoires de la France en membres de l'Organisation des Nations Unies (ONU de la France), tout dans le but de contrôler ces terres avec des cordes transparentes ou invisibles cette fois-ci. Le Cameroun Français et le Cameroun Britanniques du Sud ont apparemment obtenu leur indépendance et la réunification, mais les gens ont trouvé que le nouveau pays est quasi-indépendant sous un modèle Français de contrôle diversement décrite comme la FrançAfrique. Le système a traumatisé, démoralisé, divisé et déshumanisé le peuple Camerounais au fil des ans.

Le système Gaulliste en place au Cameroun a été mis par les architectes de la politique Française en Afrique pour exclure les nationalistes qui militent pour la réunification et l'indépendance des territoires divisés de l'ex-Kamerun Allemand, du pouvoir politique. Donc, les union-nationalistes qui commandaient le soutien de plus de 80% de la population des deux territoires des anciens Cameroun Français et les Cameroun Britanniques ont été mis sur la touche dans la pose de la fondation du Cameroun. C'est pourquoi le système est un partenariat d'intérêt impérial Français en Afrique (économique et politique) autrement connu comme la FrancAfrique et ses collaborateurs Camerounais (les renégats et les antinationalistes qui n'ont jamais été opposé et qui n'ont jamais remis en question mainmise néocoloniale du Cameroun par la France).

Le système a été efficace en infectant les esprits de beaucoup de Camerounais; le système à réduire les Camerounais à un état de désespoir et les attire de diriger leur énergie non pas au régime Biya et le système, mais à leurs voisins. Le système a élevé avec succès la corruption et la stratégie de "diviser pour régner" en un art—le system a promu la notion de colons et indigènes; le system a encouragé l'ethnocentrisme, le tribalisme, le clanisme, le chauvinisme régional, le sectarisme et d'autres formes de division. Nous voyons une absence totale et complète de la planification stratégique ou même tactique quand il s'agit de développement économique et social de la nation. Nous voyons une absence totale de solidarité sociale.

Pour aggraver la division et la confusion parmi les gens qui rejettent le régime de Paul Biya et le système imposé par la France , les soi-disant leaders de l'opposition que les Camerounais qui aiment la liberté avaient regardé comme leurs saveurs, ont été absorbée dans le système, laissant ainsi le peuple Camerounais en difficulté afin qu'ils se méfient des politiciens maintenant. Nous voyons aujourd'hui que le RDPC / le régime de Biya et la soi-disant opposition sont les deux faces d'une même pièce (le système que la France a imposé au Cameroun autrement appelé l'establishment politique Camerounais). En ce moment, les Camerounais piétinés sont dans un état de léthargie politique.

Lorsque Paul Biya a fait un appel pour la tenue d'élections sénatoriales en Avril 2013, dix-huit ans après son parlement a promulgué une loi pour créer le sénat; la plupart des Camerounais pensé que ce serait une autre mascarade, comme d'habitude. Il n'y avait aucune raison pour que les soi-disant partis de l'opposition avec un semblant de représentation au parlement pour glorifier la mascarade avec leur participation. La plupart des Camerounais connaissaient que le système soutenait financièrement ces soi-disant dirigeants de l'opposition et que certains d'entre eux étaient dans le gouvernement, mais les Camerounais n'ont pas été préparés pour la mesure dans laquelle ces politiciens étaient prêts à aller à insulter leur intelligence. Mais des accords entre le parti au pouvoir et l'opposition ont été faits. La mascarade électorale a eu lieu et les gens ont vu le parti au pouvoir campagne pour le soi-disant parti d'opposition principal Front Social Démocrate (Social Democratic Front—SDF) dans certaines régions du pays, tandis que le SDF dans les mots de son président John Fru Ndi "... un service en vaut un autre ... ", a ouvertement soutenu le parti au pouvoir, assurant ainsi sa victoire dans d'autres régions du pays.

Comment cela pourrait-il pu se produire?

Les Camerounaises, un peuple, qui ont été choqués politiquement se demandent depuis la fornication ouverte entre le parti au pouvoir et les soi-disant partis politiques de l'opposition en Avril 2013.

Pour éviter le chaos et pour assurer que le pays va avoir un successeur de Paul Biya dans une manière lisse ou douce, les porte-paroles et les apologistes sans scrupule du leader du SDF murmurent discrètement. Paul Biya a fait un accord avec le SDF de remettre le pouvoir à un de ses membres, des voix anonymes au sein du SDF font écho.

Si vous me demandez, ma réponse est claire. Ce qui devait être une révolution Camerounaise qui a commencé le 26 Mai 1990, est devenu une comédie politique jouée par les anciens membres du système, une comédie politique qui a complété le cercle. Le vent du changement généré par les politiques de Glasnost et de perestroïka de Mikhaïl Gorbatchev qui ont emporté les régimes autoritaires en Europe de l'Est et en Afrique, et qui ont agité la grande majorité des Camerounais dans les années 1990 pour qu'ils aient risqué leur vie dans les rues pour exiger un changement politique, a été effectivement contrôlé par le système. Le désir de changement que plus de 80% des Camerounais avaient, a été détourné par le système autoritaire au Cameroun et les soi-disant dirigeants de l'opposition. Les différents peuples Camerounais ont été pris pour un tour.

La plus grosse erreur commise par les Camerounais, c'est que quand la clameur de changement a commencé, ils ont suivi les Camerounais qui n'avaient pas eu la légitimité politique comme les dissidents ou comme les gens qui étaient contre le système. Les peuple Camerounais ont suivi les gens qui à peine un an avant, étaient dans les échelons supérieurs du pouvoir dans le système, mais qui à l'époque ont affirmé qu'ils avaient quitté le parti au pouvoir et que maintenant ils opposent le système. Tous les soi-disant chefs de ce que le monde sait aujourd'hui comme les partis d'opposition proéminent au Cameroun (John Fru Ndi du SDF, Bello Bouba Maïgari de l'UNDP, Ndam Njoya de l'UDC, etc.) étaient membres du parti au pouvoir jusqu'à l'année 1990, lorsque le système a été contraint d'accepter le multipartisme au Cameroun. Comme le joueur de flûte, ces soi-disant dirigeants de l'opposition au Cameroun ont attirés les peuple Camerounais vers la léthargie politique et vers le découragement. Un tel exploit a été réalisé parce que les Camerounais libéraux, les -nationalistes, les révolutionnaires, les démocrates et les patriotes qui avaient toujours rejeté le système, pensaient que ces soi-disant chefs de la nouvelle opposition, ces gens qui ont été les premiers à faire les mouvements de créer des partis politiques, partagé la vision du «Cameroun Nouveau " que les Camerounais se sont battus, sont morts et ont voté pour, une vision qui a réalisé la réunification et l'indépendance de la plupart de l'ancien Kamerun Allemande (une indépendance qui n'a jamais été réel car il s'est usurpé par le système mal qui est aujourd'hui sous la direction de Paul Biya et ses marionnettistes Français). Malgré le revers, cette vision réalisera la démocratie, la liberté, le libéralisme, le progrès, la justice, l'égalité et le développement.

Fausses sont les déclarations des membres de l'opposition compromisé que si ils n'avaient pas ouvertement embrassé le régime de Paul Biya et le système, ce serait le chaos au Cameroun au cas où Biya quitté la scène politique. La déclaration est fausse parce que le système au Cameroun est autoritaire, pas autocratique.

Les régimes autoritaires sont généralement recouverts avec une idée sublime qui pourrait être politique (comme Stalinisme/Marxisme/Communisme, fascisme etc.) ou qui pourrait être religieux (comme la théocratie Iranien et la règne de Taliban théocratie etc.) ou qui pourrait être un arrangement pour sauvegarder un intérêt (FrancAfrique). Au Cameroun, le système est construit autour de la prévention de ceux qui croient en la lutte Camerounais (les union-nationalistes, autrement dit les Kamerunistes) d'atteindre le pouvoir. Le système au Cameroun est une collection de groupes d'intérêts particuliers, qui unissent les propagateurs de néo-colonialisme Français et leurs collaborateurs

Camerounaises. Paul Biya est à la tête des collaborationnistes. Et à bien des égards, il a agi au fil des ans comme un président absent. Pendant ce temps, l'état a fonctionné d'une manière d'un zombie pendant sa quasi-présence. Bien que l'agencement mortifiant convient les intérêts des marionnettistes et des bénéficiaires du système, l'arrangement a exposé le système à des soulèvements populaires parce que, ça signifie que les bénéficiaires du système ne sont pas clairement ou fonctionnellement organisé. Avec l'avènement des médias sociaux, la mondialisation, la maturité des générations post- indépendance qui n'a jamais bénéficié du système; et avec les soldats de la phase de la lutte des années 1990 qui se dissocient des dirigeants de la soi-disant opposition, le système autoritaire se trouve aujourd'hui encore plus vulnérables. Le système autoritaire serait confronté par une nouvelle force politique qui ne s'est jamais associé au système, une nouvelle force politique qui incarne l'esprit du vingtième siècle de la lutte pour "DIE NEUARTIG KAMERUN" ou "LE Cameroun NOUVEAU" qui a confronté le contrôle colonial d'Allemand pendant les premières années du siècle dernier, une lutte qui a confronte la duplicité Française dans le pays dans une guerre qui a décimé plus de la moitié d'un million des citoyens Camerounais; le système autoritaire serait confronté par une nouvelle force qui embrasse l'héritage de ceux qui ont combattu et ont voté pour l'indépendance et la réunification du Cameroun. Cette nouvelle force rejette toutes les valeurs du système que la France a mit en place pour contrôler le destin de Cameroun, un système vieux et mal de six décennies, qui ne peut que mener le pays en abîme.

Maintenant que les collaborateurs ouverts et cachés du système s'embrassent ouvertement (le parti au pouvoir et les soi-disant chefs des partis dits d'opposition) à partir de la récente mascarade sénatoriale, le système encourage la création de groupes d'élite de bénéficiaires qui voient ou pensent que leur survie politique et économique repose seulement sur la continuation ou la subsistance du système. Nous observons le développement d'un système capable qui supprime toute prétention du pluralisme politique limité; nous observons l'enracinement d'un système qui considère ouvertement les peuples Camerounais comme son ennemi numéro un. Un tel système devient alors autocratique.

En un mot, les soi-disant partis politiques d'opposition du Cameroun qui sont en symbiose avec le système autoritaire sont complices du système impose par la France sur les peuples Camerounaises, dans sa transition progressive vers un système autocratique, assurant ainsi sa survie sous une forme morphée. Ce système qui change rapidement à besoin d'un homme fort pour être vraiment autocratique. Ce serait quelqu'un qui a les mains sur le travail d'agir en tant que président, quelqu'un que les marionnettistes Françaises souhaitent présenter comme le despote bienveillant.

C'est la responsabilité de Camerounais des générations des 'après-indépendance' à rejeter quelle que soit la farce que le système présentera comme le changement n'importe quand le pouvoir de l'Etat passera à la génération d'après Paul Biya. En absorbant les anciens membres de son parti qui, depuis des décennies, se sont identifiées avec l'opposition, Paul Biya tente de donner aux peuples Camerounais et le reste du monde l'impression que l'opposition du Cameroun est en harmonie avec sa vision de l'évolution politique nécessaire pour le Cameroun. Malheureusement, le système n'a pas l'intention de laisser la majorité des Camerounais pour participer ou d'avoir un mot à dire sur l'évolution politique du Cameroun.

Le Cameroun Nouveau sera fondé. Pas par les bénéficiaires du système (passé et présent), mais par ceux qui ont toujours rejeté la mafia politique Camerounais comme un mauvais système imposé par la France qui a été conduit Cameroun en abîme.

Mais alors, à la fondation du Cameroun Nouveau, les Camerounais patriotique, impartial, honnêtes, progressistes et démocratiques, auraient à réconcilier un pays où:

• Le système impose par la France a fait en sorte que la plupart de ses figures historiques qui ont consacré leur vie et qui sont même morts pour la cause de la réunification et l'indépendance du Cameroun ont été tués et enterrés comme des chiens,

• Les corps de certains de ces personnages historiques qui se sont enterrés à l'étranger sont absents,

• Quelques-uns des personnages historiques qui ont pensé qu'ils pourraient contribuer à la consolidation de la nation ont été mis à l'écart, intimidé et humilié par le système,

• Son premier chef d'État est mort et est enterré à l'étranger,

• Et où les gens ont été insultés pendant plus de cinq décennies par les régimes d'Ahmadou Ahidjo et de Paul Biya en utilisant un système imposé par la France , un système rejeté par la grande majorité des Camerounais, un système qui a semé les graines de la division, de la corruption, de la médiocrité, de la peur et du découragement qui hantent le Cameroun aujourd'hui.

Les idéaux du Cameroun Nouveau qui ont été ourdi par les nationalistes historiques du pays et au fil des ans par les Kamerunistes (les union-nationalistes) post- indépendance sont la seule chance ou espoir pour l'avenir du Cameroun. Le Cameroun Nouveau est le seul noyau autour duquel le Cameroun peut se réconcilier avec son passé turbulent; c'est le noyau que toutes les couches de la société Camerounaise peuvent se connecter dans le processus de construction de la nation; c'est le seul noyau autour duquel un Cameroun libre, démocratique, libérale, juste et prospère peut-être construit. Le Cameroun Nouveau conduirait le pays à prendre sa place méritée dans la région de l'Afrique Centrale, l'Afrique dans son ensemble et le monde en général. Cela ne serait possible que si nous limitons l'héritage des régimes d'Ahmadou Ahidjo et de Paul Biya qui incarnent le système suffocant que la France a imposé au Cameroun. Pour réaliser ce but, on doit jeter le système à la poubelle de l'histoire.

Janvier   Tchouteu   06/04/2013

Chapitre Huit

Le Problème Minoritaire Numéro 1 du Cameroun

Indépendamment de la manière dont le problème inéluctable du Cameroun est présenté par ses défenseurs, indépendamment à qui ces défenseurs dirigent leur feu, indépendamment à quel point certains défenseurs d'une solution du problème inévitable sont honorables ou déshonorants, indépendamment de ce que la cause (difficile à définir) promet à sa réalisation, la vérité est que le problème de minorité numéro un au Cameroun est la situation difficile des peuples à l'ouest de la Rivière Mungo (sud-ouest Kamerun Allemand, l'ancien Cameroun Méridional Britannique, Cameroun de L'Ouest, les provinces du Nord-Ouest et du Sud-Ouest, ou ce qui est aujourd'hui les régions du Nord-Ouest et du Sud-Ouest). Le problème a été causé par la mauvaise volonté ou la mauvaise foi du système maléfique imposé par la France (les régimes Ahidjo/Biya composé des Camerounais qui ne soutenaient pas la cause de réunification et d'indépendance), exacerbés par la docilité et l'incompréhension des Camerounais après leur défaite par le système maléfique; mais le problème serait résolu par les Camerounais des deux côtés du fleuve Mungo qui travaillent ensemble pour se débarrasser de notre cauchemar vivant (le régime de Biya et le système diabolique impose par la France qui est géré par des Camerounais qui sont les usurpateurs et les mercenaires des intérêts étranger).

Aucune entité linguistique (Francophones ou Anglophones, ou les différents groupes ethniques) n'est responsable du sort déprimant des peuples à l'ouest du fleuve Mungo. Le système minoritaire qu'est mal, et que la France a imposé au Cameroun et aux Camerounais; un système qui est rejeté par chaque groupe ethnique, par chaque province (région) et par chaque religion au Cameroun; un système dirigé aujourd'hui par Paul Biya en collaboration avec des criminels de tous les groupes ethniques, de toutes les provinces, de toutes les entités linguistiques et de toutes les religions; est ce qui étouffe les peuples à l'ouest de la Rivière Mungo en particulier et le reste des Camerounais en général.

C'est sur ces paramètres que nous, les Camerounais qui veulent démanteler le système anachronique imposé par la France , pouvons fonder le "CAMEROUN NOUVEAU" où tous les griefs de ses divers peuples peuvent être redressés. Nous pouvons seulement réaliser ca qu'en fermant nos rangs en tant que des victimes d'un système diabolique que nous n'avons jamais opté pour.

Samedi 11 Juin 2016   Janvier Tchouteu

Chapitre Neuf

La Résolution des Griefs de la Partie Anglophone du Cameroun, et la Fondation du "Cameroun Nouveau"

La désillusion, la frustration et la colère des peuples de l'Ouest de la Rivière Mungo (les anciens Camerounaises Britanniques du Sud de 1922-1961, les anciens Camerounaises Occidental de 1961-1972) —les natifs et ou les indigènes (les autochtones), en raison des mauvais traitement qu'ils ont reçu des mains du système usurpatrice (l'établissement), un système qui ne reflète pas le gouvernement postindépendance que leurs ancêtres avaient à l'esprit quand ils ont voté pour l'indépendance et le (ré)unification en Février 11, 1961 avec l'ancien Cameroun Français (qui est devenu la République du Cameroun—la République du Cameroun le Janvier 01, 1960), est réelle, ne devrait pas être prise à la légère et devrait être abordée d'une manière sérieuse. Le régime de Paul Biya, comme son prédécesseur, le régime de Ahidjo, et le système qui était imposé au Cameroun par la France -néocolonialiste, ont dans ses ensemble perdu tout sens de la pertinence pour leur mauvaise gestion du projet du réunification et de l'indépendance, un résultat qui est à peine surprenant venant des gens qui ne se sont jamais battus pour, qui n'ont jamais campagne pour, et qui n'ont jamais soutenu la réunification et l'indépendance des terres de l'ancien Kamerun Allemand (les Cameroun Britanniques et le Cameroun Française).

Chaque occasion d'atténuer ou de résoudre les griefs des

Camerounais Anglophones de l'Ouest de la Rivière Mungo devrait être saisie, même si les nationalistes-civiques du Cameroun (les Union-Nationalistes qui honorent nos ancêtres qui ont combattu, qui sont morts et qui ont voté pour la réunification et l'indépendance des terres de l'ancien Kamerun Allemand, estiment qu'une résolution optimale du problème Anglophone serait réalisé sous un "Cameroun Nouveau" où le système anachronique, que la France a imposé au Cameroun, a été complètement démantelé et où les objectifs initiaux de la réunification et l'indépendance seraient les pierres angulaire de la construction d'un Cameroun qui est progressif, libéral, libre, démocratique, juste et prospère.

Cependant, comme nous mis nos vues sur cette solutions optimales ou partielles, alors même que nous dénonçons l'établissement Français imposé au Cameroun, un établissement qui est composé des marionnettes Français et leurs collaborateurs issus de toutes les régions, toutes les groupes ethnique, toutes les religions, et des deux entités linguistiques; alors même que nous nous opposons à cet établissement dirigé et dominé au Cameroun par des groupes favorisée par la France néocolonialiste, nous devons toujours garder à l'esprit le fait que l'établissement est rejeté par la grande majorité des Camerounaises dans toutes les régions, les groupes ethniques, les religions et les entités linguistiques dans le pays. De cette façon, la lutte pour rétablir les droits du peuple de l'ancien Cameroun Occidental ne devient pas un conflit entre les Anglophones et les Francophones du Cameroun; de cette façon, un rejet du système ne signifie pas que les Camerounais tiennent les peuples Beti-Fang ou les peuples Foulani(Peul) responsables des horreurs des régimes de Paul Biya et d'Ahmadou Ahidjo; de cette façon, les griefs des Camerounais contre le contrôle sournoise de la France sur le Cameroun ne soit pas traduit en une perception de la France comme un ennemi, mais plutôt comme un pays avec le potentiel de devenir le meilleur ami du Cameroun, qui au chagrin de tous, a été mené par des gouvernements de mauvaise foi qui ont poussé le pays à ne pas devenir un véritable partenaire du Cameroun, une France qui n'a besoin que de tourner les choses et de réconcilier avec un peuple dont le cœur ouvert peut même accueillir la France comme une «Nation Frère».

Une telle perspective de fonder «Le Cameroun Nouveau» nécessiterait l'honnêteté, l'authenticité, et l'adhésion à des vérités historiques de toutes les parties impliquées dans le bourbier du Cameroun. Les marionnettes Françaises au Cameroun devraient cesser à présenter l'histoire déformée du Cameroun que les forces anti-Camerounaises dans les gouvernements de la France ont prodiguées pour eux de servir au peuple Camerounais, des récits anti-personnes et des plans d'ingénierie sociale destinés à laver le cerveau des Camerounaises à devenir ignorants de leur histoire et à devenir un peuple sans direction, des récits et des plans qui ont réussi à un lavage des cerveaux de beaucoup des Camerounaises pendant tant de décennies, mensonges qui dénigraient les sacrifices nobles et honorables que les nationalistes-civiques du Cameroun ont faits pour la réunification et l'indépendance du pays. Et même les Anglophobes et Francophobes, et même les nationalistes Anglophones et les nationaliste Francophones (minorités sur les deux côtés de la Rivière Mungo) qui ne chérissent les objectifs initiaux de la réunification et l'indépendance aurait besoin de cesser d'essayer de faire que les Camerounais Anglophones et les Camerounais Francophones deviennent des ennemis.

Ce n'est pas utile quand nous faisons des comparaisons du Cameroun, dont la situation est unique dans le monde, avec d'autres pays. Le Cameroun a encore le potentiel de devenir la fierté de l'Afrique ou la malédiction du continent. Le Cameroun Nouveau pourrait devenir le modèle autour duquel les Africains peuvent construire "La Afrique Nouvelle » de demain. Le

Cameroun a ce qu'il faut pour devenir "La Lumière de l'Afrique". Nous ne devons pas permettre aux détracteurs de nous faire détourner de la source de cette lumière—l'Union-nationalisme du Cameroun défendue par nos nationalistes-civiques des temps de Martin Paul Samba et Rudolf Manga Bell.

Janvier Tchouteu   *30, Novembre 2016*

Chapitre Dix

La Tâche de Racheter le Cameroun des Mains du Régime Fasciste au Pouvoir et du Hooliganisme

Nous Nous avons échoué à empêcher le conflit armé bouillonnant au Cameroun aujourd'hui, au Cameroun Anglophone ou ce qui était *British Southern Cameroons* (Le Cameroun du Sud Britannique ou Le Cameroun Méridional Britannique) à l'époque coloniale, ou le Cameroun de l'Ouest au cours des premières années de l'histoire du Cameroun comme "un pays indépendant ". Nous les Kamerunistes, autrement dit les Union-Nationalistes du Cameroun (les héritiers de l'UPC historique et des KNDP/OK — c'est-à-dire, ceux qui ont lutte pour réaliser l'indépendance des Camerouns et la réunification des terres de l'ancien Kamerun Allemagne par le plébiscite de 1961), ont échoué dans nos luttes civique-nationaliste pour débarrasser le système-impose par la France de pillards et de mercenaires (des fascistes kleptomane en soi) hors de la pouvoir en temps de réaliser le rêve centenaire du "CAMEROUN NOUVEAU", et dans en temps de saper les héritiers de ceux qui étaient contre la réunification de dire que « Regardez, la réunification était une mauvaise idée. "

La vérité est que le gouvernement actuel, le régime de Paul Biya, et le système l'établissement dans son ensemble ne chérissaient les objectifs civique-nationaliste de réunification et de indépendance que la grande majorité de nos ancêtres se sont battus et se sont morts pour. C'est pourquoi le système-imposé par la France a poussé le Cameroun Anglophone au mur, donnant ainsi les héritiers de ceux qui ont voté contre la réunification l'avantage pour se positionner comme les avant-garde de la cause des droits des peuples du Cameroun Anglophone (l'ex-Cameroun de l'Ouest ou l'ancien Cameroun du Sud Britannique avant cela).

Aujourd'hui, ces deux forces (le gouvernement / l'établissement /le système-impose par la France et les sécessionnistes) qui ont été toujours une minorité dans l'histoire traumatique du Cameroun se battent entre eux, donnant à chacun la pertinence — un, faussement, comme une force essayant de garder l'unité du Cameroun, tandis que l'autre, malheureusement, pose comme la force d'emporter le Cameroun Anglophone loin d'un Cameroun qui est détourné par la France et ses marionnettes depuis 1955 contre la volonté de la grande majorité des Camerounais qui sont des Union Nationalistes et qui sont des adhérents aux objectifs des mouvements civiques-nationalistes historiques du Cameroun et des dirigeants historiques Camerounais (de l'époque de Martin Paul Samba/Rudolf Duala Manga Bell à l'époque de Um Nyobé/Moumié/Ouandié/Afana/Kingué/Foncha/Ntumazah/Mukong, et à Tchwenko/Maidadi) à un futur qui est en réalité impossible.

Pendant ce temps, la majorité écrasante des Camerounais qui décrient leurs activités sont impuissants comme Ils traînent le Cameroun dans l'abîme, comme ils se rendent pertinents dans un combat que les pouvoirs qui sont veulent pour le Cameroun et les Camerounais, les Camerounais qui sont un peuple qui a défié les stéréotypes sur les Africains en tant que race fortement divisée, incapable de puiser dans leurs forces et leurs possibilités mutuellement compatibles, pour se rassembler et devenir une force puissante, unie, libre, prospère et défendable. "Les pouvoirs qui sont..." aimeraient dire: "Regardez, ils ne sont pas différents des autres Africains. Ils sont aussi autodestructeurs; ils sont incapables de faire avancer l'humanité ... le processus de leur ingénierie sociale est complet; ils sont pleinement prêts à servir le but que nous avions pour eux ... "

Le régime Biya, le système imposé par la France qui a privé les Camerounais d'une voix à faire la courbe de leur destin, doivent s'abstenir d'effectuer une autre mascarade électorale jusqu'à ce qu'au moins 80% de la population en âge de voter dans toutes les provinces soient enregistrés, jusqu'à ce que le processus de dialogue et de réconciliation se poursuive et jusqu'à ce que le cadre du «Cameroun Nouveau » soit en place.

La vision d'un "Cameroun Nouveau» qui serait le noyau du futur « L'Afrique Unie » ne doit pas être tué par ceux qui n'ont jamais chérissait le Cameroun de nos rêves. Nous devons arrêter ceux qui traînent le Cameroun dans les abysses pour le bien de nos enfants, pour le bien de l'Afrique et pour le bien de l'humanité. Pour réaliser cela, les Kamerunistes (unionistes-nationalistes), les nationalistes-civiques du pays ou ceux qui chérissent le Cameroun et le rêve originel des Camerounais doivent avancer et entamer le processus qui confinera les héritages d'Ahidjo-Biya et le système imposé par la France à la poubelle de l'histoire, afin que le Cameroun ne se désintègre. Le processus fournirait à la population un système fédéral, démocratique, représentatif et juste qui assurerait non seulement la prospérité et la dignité de tous ses citoyens, mais réaliserait aussi les objectifs de la réunification tels que défendus par ceux qui ont combattu, ont fait campagne et voté pour la réunification et l'indépendance du Cameroun.

Janvier Tchouteu   *02 Avril, 2018*

Chapitre Onze

La Tache Exigeant pour les Générations Post-Indépendance

Le principal problème pesant dur sur la psychologie générale de la majorité des peuples du Cameroun et de l'Afrique d'aujourd'hui est le souci du chemin que leurs enfants désabusés, déshumanisés et frustrés prendraient pour faire avancer leur bien-être. Par les mot "leur enfants", je veux dire ceux qui sont nés juste avant et après les années d'indépendance de nombreux pays Africains dans les années 1960. Ceci est une génération qui est née dans l'atmosphère de l'espoir et des attentes qui avait saisi le Cameroun et l'Afrique juste avant et juste après l'indépendance, un sentiment positif qui a été basé sur la récente réunification et l'indépendance du Cameroun Français et du Southern Cameroons Britannique. Ce sentiment positif a été d'autant plus éclatante par les objectifs que les nouveaux dirigeants du Cameroun ont été haranguaient.

Toutefois, quatre décennies après, nous sommes encore nulle part à proximité des rêves qui avaient soutenu nos espoirs. La pauvreté, la maladie, l'analphabétisme, la répression, les divisions ethniques, la corruption, sous-développement et la domination extérieure encore nous tourmentent, et dans de nombreux aspects, pire encore qu'avant l'indépendance. Pourtant, nous avons pensé que nous pouvons débarrasser du colonialisme par une quasi-indépendance qui donnerait automatiquement naissance à un balai qui va éclaircir tous les aspects de notre sous-développement. Nos leaderships postindépendance et pseudo-intellectuels nous trompés parce qu'ils manquaient de la volonté et la vision d'utiliser les potentiels des terres qu'ils menaient. Ils nous ont échoués en ne maîtrisant pas le point d'Archimède de notre sous-développement et de nos potentiels de développement. Les systèmes anti-peuples mises en place par leurs marionnettistes, tels que l'ancien maître colonial la France et les leviers que ces marionnettes ont conçues et ont espéraient faire tourner les différents pays Africains à des sommets plus élevés était le reflet de leur ego et les illusions plus que de leur intelligence, leur volonté et leur raison d'être.

Au Cameroun aujourd'hui, nous sommes confrontés par la tâche colossale de commencer à partir de zéro, ce qui implique la démolition du système échoué qui était imposé par la France , un system qui est rétrograde, anti-démocratique et exploitante ; et ensuite mettre en place un nouveau système qui est progressive et compatible, un système qui serait le reflet des objectifs initiaux de l'union-nationalisme du Cameroun et les véritables aspirations du peuple. Ce serait un système qui placerait le pays fermement au sein de la communauté de progressiste, démocratique, représentatif, éclairé et nations avancées.

Aujourd'hui, l'histoire de l'humanité a atteint cette grande ampleur du changement où les mots clés du progrès technologique, la liberté, la liberté, le développement, la solidarité et l'intégration font de grands progrès à faire partie de notre vie quotidienne. On a été observé avec une clarté que le peuple Camerounais sont laissés derrière dans ce grand progrès de l'humanité en raison des objectifs et des actions de l'oligarchie qui reste au pouvoir à travers le système trompeurs et égoïstes imposé par la France . Cette système minorité, pseudo-représentant, et autocratique est mené aujourd'hui par le régime de Paul Biya. Le régime de Paul Biya et le système dans son ensemble est corrompu et anti-patriotique, et le system ne peut pas réduire la pauvreté, la maladie, le désespoir, l'analphabétisme, la corruption, la hausse ethnocentrisme, la fuite des cerveaux et l'incompréhension que contre le bien de l'humanité est acceptée comme faisant partie de notre quotidien vies. Le caractère inacceptable du système de cinq décennies peut être mieux expliqué par la dénonciation de Dmitri Ivanovitch Pisarev de l'autocratie:

Du côté du gouvernement, il n'y a que les scélérats achetés avec de l'argent pressé par la fraude et la violence des pauvres. Du côté des gens, il y a tout ce qui est frais et jeune, tout ce qui est capable de penser et de faire. Ce qui est mort et pourri (le gouvernement autocratique) doit lui-même tomber dans la tombe. Tout ce que nous avons à faire est de lui donner la dernière poussée et couvrir le cadavre puant avec la saleté.

En comparant l'observation de Dmitri Ivanovitch Pisarev avec la réalité Camerounaise, nous réalisons avec clarté que de se débarrasser de tous les aspects de ce système autocratique et oligarchique que la France a imposée sur le Cameroun est notre première tâche. C'est seulement après l'enterrement complet et irrévocable de l'absolutisme est-il possible pour nous de mettre de côté nos désespoirs et d'exploiter nos espoirs, nos forces, nos déterminations et nos potentiels de réaliser le rêve complet pour un grand Cameroun et une grande Afrique. Ce serait une tâche difficile et impitoyable, mais le seul chemin qui conduirait à notre salut.

Cette tâche exigeante est surtout sur les épaules des Camerounais des générations postindépendance. C'est de leurs rangs que les forces, le soutien et l'attention à réaliser le rêve du Cameroun Nouveau reposent sur. Ces forces seraient les ouvriers (agricoles, industrielles et de services ou tertiaires), les intellectuels, les universitaires, les politiciens, les organismes religieux, les mouvements civiques, les artistes, le classe affaires, les fonctionnaires, les étudiants et même les chômeurs. Le peuple Camerounais serait conduit par les représentants avancés qui ont maîtrisé les principes et les objectifs de l'idée nationale du pays énoncés dans son Union-Nationalisme qui est altruiste, humanisant, unifiant et progressistes, et aussi les principes de base de son programme social et démocratique. C'est par son union-nationalisme que le peuple Camerounais réaliserait la mission historique que providence avait placé sur leurs épaules pour leur bien-être, et pour le progrès de la nation et de l'Afrique.

Nous serons, alors en mesure de se vanter que nous avons établi la fondation de la Nouvelle-Cameroun, celui qui est capable de marcher en avant le long de la route des principes démocratiques de son union-nationalisme qui a été révisé au cours des années et a trouvé pour être compatible avec progressive idées mondiales uniquement lorsque:

- Les représentants avancés des différentes forces auraient fait le nouvel idéal Camerounais qui est connu pour son humanité d'être généralisée.
- Ils auraient réalisé durable l'organisation, l'ordre, la compétence, la discipline et l'auto-discipline dans leurs rangs.
- Ils auraient étendu leurs bras au - delà de leurs limites pour consolider la coopération harmonieuse de toutes les forces de développement du pays.

Il serait sur cette base que nous allons transformer le système anachronique que la France a imposé au Cameroun, dans un système moderne qui est progressive et axée sur la technologie; puis nous allons investir de nouvelles idées, de savoir-faire et des efforts pour construire un grand état producteur qui doit assurer la responsabilisation et un réseau efficace de production, de distribution et de service. Comme une partie indispensable de ce système de pointe serait les bénéfices sociaux justifiable tels que l'éradication de la pauvreté, l'élimination des pauvres logements et pénurie de logement, la réduction des maladies à des limites acceptables, une bonne hygiène et la fourniture des équipements et des infrastructures modernes nécessaires.

Sur le plan politique, ce système avancé, humanisé et progressive va assurer les droits humains totale, complète et universelles de ses citoyens. Ce serait le défenseur de leurs droits, la fierté, la liberté et l'égalité, un engagement qui assure la prévalence d'une démocratie qui est vraiment compatible avec la réalité Camerounaise, qui va assurer la sépulture éternelle de l'absolutisme. Ce système moderne, progressiste et avancé va diriger le peuple Camerounais en coopération avec les forces progressistes des autres pays Africains vers la réalisation de leur rêve d'harmonie fraternelle—l'actualisation de l'union économique et l'intégration politique de l'Afrique. C'est sur ce chemin de notre union-nationalisme que nous allons réaliser le rêve collectif de Cameroun et que nous serons amenés vers la jonction qui va réaliser l'unité de l'Afrique à travers la coopération harmonieuse de ses forces unificatrices. Il serait à ce stade que le Cameroun et l'Afrique doivent prendre leurs places méritées dans la communauté mondiale. Ce serait alors qu'ils travaillent avec d'autres forces du monde pour rendre ce monde sûr et favorable pour nos enfants. Cette tâche étendue est entièrement sur les épaules des générations postindépendance.

JANVIER TCHOUTEU   15 Février 1995

Chapitre Twelve

Le Retour des Exilés

CAMEROUN

Sur ma niche délaissé, abandonnée,
Les sons des souvenirs silencieux abondent,
Leur sens comme un poids mort sur mon âme,
Leurs images ressemblent à une vue pittoresque dans mon esprit.
Nos rêves transpirent comme un train vers mes objectifs.
Le Cameroun nourrit mes espoirs et mes rêves
    Comment vais-je vivre mon exil requis?
    Comment vais-je fermer les yeux sur ma patrie malade?
    Puis-je oublier notre Cameroun pendant un moment?
    Puis-je me détacher de la lutte?
    Puis-je être en dehors de la libération de ma patrie?

Écrit le 01 octobre 1995 en roulant dans un train de Minsk-Moscou

Un exilé est quelqu'un qui vit volontairement ou contre sa volonté, hors du pays avec lequel il s'identifie en raison du système peu accommodant en vigueur dans sa patrie. L'exilé craint pour sa vie, sa liberté, sa famille et le développement arrêté du monde auquel il s'identifie dans son pays d'origine. Bien que menacé d'annihilation, l'exilé continue de se considérer comme un adversaire solide qui s'engagerait à jamais à faire tomber le système. La cause de l'exil est justifiée si son but est d'améliorer le bien-être de la vaste majorité des opprimés avec lesquels il s'identifie et s'il cherche à faire progresser l'humanité tout au long de ce processus. Il est d'autant encore plus salué si les idées progressistes qu'il professe ne sont pas bien accueillies par le système, parce que elles menacent leur régime égoïste et oppressif—le pouvoir des élites politiques corrompues et antipatriotiques, c'est-à-dire. Comme souvent, les causes invoquées par les exilés qui ont l'empathie sont justes; et le plus souvent, leur vies en exil sont horrible.

Les exilés qui poursuivent la cause avec une formulation de pensée clairement définie, en particulier une idéologie qui est compris ou qui est rapidement adoptée par les masses opprimées et en lutte qui ont besoin de se libérer du système oppressif; les exilés qui ont une organisation, une direction et des ressources efficaces constituent la menace la plus puissante pour le système auquel ils s'opposent s'ils sont prêts à l'affronter jusqu'à ce qu'ils le remplacent par un système progressiste, libre, démocratique et prospère.

Il a été observé que la prise de conscience externe de la cause des exilés, le caractère illimité de leurs ressources et le vaste espace dans lequel ils pouvaient opérer, les rendent les vainqueurs dans une lutte, cela est clairement défini. Ces exilés commis qui s'engagent sans relâche dans une cause et qui la poursuivent de manière scientifique sans tenir compte de leur bien-être personnel, sont les révolutionnaires.

L'histoire de l'humanité a montré que les révolutions étaient principalement dirigées par les exilés. La révolution française, inspirée par la révolution américaine, a été fortement influencée par les Français qui sont revenus des États-Unis d'Amérique. Les exilés Russes, bien que misérables et démunis, ont rassemblé leur enthousiasme, leur idéologie et leur but simple, et ont amené les ouvriers et les paysans à réaliser la révolution la plus profonde du 20ème siècle. Ho Chi Minh est revenu d'exil, a rallié le peuple vietnamien et a débarrassé le nord du Vietnam de la domination française. Son héritage chasserait plus tard les Américains du sud. Mahatma Gandhi était un exilé. Laurent Kabila a gardé en vie l'héritage Lumumba pour revenir et expulser Mobutu Sese Seko, le dictateur soutenu par l'Occident, du Zaïre (La République Démocratique du Congo). Kagamé a pris le Rwanda de l'exil. Le Congrès National Africain *(African National Congress—ANC)* d'Afrique du Sud est revenu d'exil interne et externe pour réaliser la révolution la plus pacifique d'Afrique. La liste est longue.

Aujourd'hui, la grande majorité de la population reconnaît que c'est impossible de procéder à un changement politique grâce aux mécanismes mis en place par le système. Le changement ne peut être réalisé que par un soulèvement massif de masses en lutte, par un soulèvement des Camerounais trichées, dynamiques et patriotiques, qui s'opposent de manière écrasante au système et au régime actuel de Biya; ou par des soldats de la future révolution qui risqueraient leur vie pour réaliser les espoirs, les aspirations et les rêves des masses en lutte patriotique. La logique, la raison d'être, les espoirs et les revendications exigent une préparation adéquate et la diffusion de l'idée nationale qui devrait remplacer le système anachronique actuel. Une tâche aussi colossale nécessiterait l'énorme contribution d'hommes qui ont goûté à l'amertume de l'exil, et qui sont attachés à l'identité Camerounaise; cela nécessiterait la participation d'hommes qui ont planifié, conspiré et travaillé pour la libération de la nation dans son ensemble. Les exilés de la souche révolutionnaire devraient être essentiellement des patriotes et des union-nationalistes; on s'attend à ce qu'ils soient des hommes qui, dans leurs rêves d'un Cameroun progressiste, préfèrent vivre dans n'importe quelle partie d'un

Cameroun libre, plutôt qu'à l'étranger.

Le système qui opprime les Camerounais et le régime de Biya qui le gère actuellement au Cameroun sont voués à l'échec. Ils ont rendu le dialogue, les compromis et la compréhension impossibles avec les patriotes qui ont souffert pour réaliser les progrès, la liberté et la réputation du Cameroun en tant que société humaine en devenir; et ils continuent à persécuter, à éliminer et à priver ces patriotes avec des nobles de leur attachement au Cameroun. Priver un être humain de la paix dont il a besoin à la maison, c'est lui priver de son bonheur. Peu importe la façon dont vous le regardez, les exilés Camerounais de l'idéologie union-nationaliste qui sont chassés chez eux sont les soldats initiés de l'unité, de la liberté et de la démocratie du pays. Ils défendent les valeurs humanitaires qui donneraient au pays une place honorable dans la société des nations progressistes. Ces exilés sont le plus grand atout de la révolution qu'une quête bloquée du changement rend inévitable.

Le futur Cameroun Nouveau devrait se réconcilier avec son passé. Il devrait donner à chaque Camerounais l'opportunité de commencer un nouveau chapitre de sa vie et d'apporter une contribution honorable au progrès du pays. Le futur Cameroun Nouveau devrait pardonner. Mais alors, que faisons-nous avec les défenseurs du système dépassé qui ne veulent pas embrasser l'avenir, qui continuent à faire en sorte que les enfants Camerounais ne reviennent pas dans la patrie qu'ils aiment? Le futur Cameroun, nouveau, uni, libre et progressiste qui exploiterait le potentiel de ses exilés retournés et qui serait guidé par son union-nationalisme serait suffisamment souple ou même magnanime dans le traitement de ses citoyens impénitents.

Tchouteu Janvier   *26-10-1997*

Glossaire

Adamaoua	La province (région) la plus méridionale qui a été taillé dans l'ancienne province (région) du Grand Nord. C'est une région de plateau.
Akonolinga	Une ville dans la province (région) du Centre. C'est également la capitale de la Nyong et Nfomou.
Akum	Un Peuplement Ngemba 9 miles de Bamenda sur la route Bafoussam-Bamenda. Il est aussi un royaume Ngemba traditionnel et le dialecte des gens là-bas.
Ambam	Une ville dans la province (région) du Sud. C'est le capital de subdivision du département de Ntem.
Ashia	Mot utilisé par les Camerounais à exprimer la sympathie, la condoléance, la consolation, l'encouragement, la compassion, l'harmonie, la compréhension, l'accord, la reconnaissance et la prudence.
Bafang	La capitale du département de Haut-Nkam et un royaume Bamiléké dans la province (région) de l'Ouest.
Bafaw	Le principal groupe ethnique dans la région qui comprend la municipalité de

Kumba. Il fait partie du groupe bantou plus.

Bafedja

Un Peuplement et Un royaume Bamiléké dans le département de Nde ou le département de Banganté, la province (région) de l'Ouest.

Bafoussam

La capitale de la province (région) de l'Ouest et du département de Mifi. Aussi un royaume traditionnel Bamiléké.

Bafut

Un Peuplement et royaume Ngemba traditionnel à environ de 18 miles de Bamenda dans la province (région) du Nord-Ouest.

Bakweri

Le principal groupe ethnique du département de Fako, qui est situé dans la province (région) du Sud-ouest. Les Bakweriens sont des Bantous du sous-groupe Sawabantu.

Balengou

Un Peuplement Bamiléké et royaume du département de Nde, province (région) de l'Ouest.

Bali

Un Peuplement Chamba et royaume à environ de 18 miles au nord de Bamenda, dans la province (région) du Nord-Ouest.

Bamena

Un Peuplement Bamiléké et royaume du département de Nde, province (région) de l'Ouest.

Bambili

Un Peuplement et royaume Ngemba environ 9 miles au nord de Bamenda dans la province (région) du Nord-Ouest.

Bambui	Un Peuplement Ngemba et royaume à environ 6 miles au nord de Bamenda dans la province (région) du Nord-Ouest.
Bamenda	La capitale de la province (région) du Nord-Ouest et du département de Mezam.
Bamendjou	Un Peuplement Bamiléké et royaume du département de la Mifi, province (région) de l'Ouest.
Bami (Bamiléké)	Diminutif de Bamiléké.
Bamiléké (Bami)	L'ethnicité semi-bantou le plus peuplé et le principal groupe ethnique au Cameroun. Il est aussi leur langue maternelle.
Bamilekéland (Terre Bamiléké)	La moitié ouest de la province (région) de l'Ouest, avec des franges dans les province (région)s du Nord-Ouest et du Sud-ouest. Il comprend cinq divisions administratives, environ quatre-vingt dix royaumes traditionnels, et onze groupements dialectiques.
Bamoun	Une ethnie semi-Bantous et l'un des groupes principaux ethniques au Cameroun. Aussi leur langue maternelle.
Bamounland (Terre Bamoun)	La moitié est de la province (région) de l'Ouest.
Bandekop	Un Peuplement Bamiléké et royaume dans la Mifi Division, province (région) de l'Ouest.
Banganté	Le plus grand royaume Bamiléké, la

capitale du département de Nde, son ancien nom. Trouvé dans la province (région) de l'Ouest.

Bangou   Un Peuplement Bamiléké et royaume du département de Haut-Nkam, province (région) de l'Ouest.

Bangoua   Un Peuplement Bamiléké et royaume du département de Nde, province (région) de l'Ouest.

Bangoulap   Un Peuplement Bamiléké et royaume du département de Nde, province (région) de l'Ouest.

Bantu   Un grand groupe de peuples négroïdes d'Afrique centrale, d'Afrique du Sud et Afrique de l' Est qui habite les forêts du Sud-ouest, du Littoral, du Centre, du Sud et dans les province (région)s de l' Est du Cameroun. Ils sont aussi le plus grand constituant de la race Négroïde ou Noir.

Bassa   Le principal groupe ethnique dans la province (région) du Littoral. Ils sont les Bantous. On trouve également dans la province (région) du Centre du Cameroun.

Batoufam   Un royaume Bamiléké dans le département de Mifi, province (région) de l'Ouest.

Bawok   (Bahouok, Bahouoc)   Un royaume Bamiléké parlant les dialectes Medumba, dans les provinces (régions) de l'Ouest et du Nord-Ouest. Les principaux sont les suivants:

- Bawok-Banganté ou Banganté-Bawok est un royaume traditionnel Bamiléké trouve dans la subdivision de Banganté, Division Nde. Une grande partie du royaume est situé dans la ville de Banganté. Après une série de conflits au début du XXe siècle, elle a perdu la majeure partie de son territoire aux royaume Bamiléké environnants, avec ses sujets qui migrent vers d'autres régions du Cameroun et même fonder de nouveaux royaumes.

- Bawok-Bali ou Bali-Bawok: Emanation du royaume de mère de Bawok-Banganté, fondée en 1907 avec l'aide de royaume amical de Bali-Nyonga. C'est une enclave dans le peuplement de Bali (*Fondom* ou royaume)

Bayangam　　Un Peuplement Bamiléké et royaume du département de la Mifi, province (région) de l'Ouest.

Bazou　　Un royaume Bamiléké dans le département de Nde, province (région) de l'Ouest.

Beti　　Diminutif de Beti-Pahuin. C'est également une subdivision du groupe Beti-Pahuin des langues et se décompose plus loin dans Ewondo,

Eton, Bane, Mbida-Mbane et Mvog-Nyenge.

Beti-Pahuin

Diminuted ou raccourci à Beti, ce groupe de peuples apparentés constitue le troisième principal groupe ethnique au Cameroun. La patrie ethnique du peuple Beti-Pahuin est dans les province (région)s du Centre et du Sud, avec des franges et des enclaves dans la province (région) de l'Est. Ils sont de langue Bantoue et comprennent les éléments suivants:

- Beti (Ewondo, Bane, Mbida-Mbane, Mvog-Nyenge et Eton),
- Fang (Fang bonne, Ntumu, Mvae et Okak)
- Bulu (Bulu, Fong, Mvele, Zaman, Yebekanga, Yengono, Yembama, Yelinda, Yesum et Yekebolo).

Les petites tribus ou groupes ethniques Pahuinised par le Beti-Pahuins tels que les Baka, Bamvele, Manguissa, Yekaba, Evuzok, Batchanga (Tsinga), Omvang, peuples Yetude.

Les Beti-Pahuin sont également indigènes en Guinée équatoriale, le Gabon et la République du Congo.

Betiland

Les régions parlant Beti-Pahuin du Cameroun (étend de la moitié sud de la province (région) du Centre, aux parties centrale et orientale de la province (région) du Sud et se prolonger en marge dans la province (région) orientale), Guinée équatoriale (Rio Muni), le Gabon (la moitié nord), la République du Congo (nord-ouest) et São Tomé et Príncipe.

Biafra	L'état de courte durée Ibo dominé qui a fait sécession du Nigeria au cours de la guerre 1966-1970 civile nigériane.
Bota	Une banlieue de Limbe, Fako, Province (région) du Sud - Ouest.
Cameroun Britannique	Le tiers occidental de l'ancien Kamerun Allemand qui est tombé sous le contrôle Britannique après la partition de la colonie Allemande. Ce comprenait Cameroun Britanniques du Nord (Cameroun Septentrional Britannique) et Cameroun Britanniques du Sud.
Boumnyebel	Un village Bassa dans le département de Nyong et Kelle, province (région) du Centre.
Buéa	La capitale ville de la province (région) du Sud-ouest et ancienne capitale du Kamerun Allemand.
Bulu	L'un des peuples du groupe ethnique Beti-Fang avec une patrie dans la province (région) du Sud.
Cameroun Britannique du Nord (Cameroun Septentrional Britannique)	Le Nord de la moitié de Cameroun Britanniques qui a voté pour unir avec le Nigeria en 1961, après le plébiscite controversé des Nations Unies sur le territoire.

Cameroun Britannique du Sud (Cameroun Méridional Britannique)	Le sud de la moitié de Cameroun Britanniques. Fait partie de la Fédération de Cameroun en 1961 suite à un référendum qui a abouti à sa réunification avec l'ancien Cameroun Français. Il comprend les province (région)s du Nord-Ouest et du Sud-ouest du Cameroun.
Cameroun Français	Le deux tiers de l'ancien Kamerun Allemand qui est tombé sous le contrôle des Français après la partition de la colonie Allemande par la Grande-Bretagne et la France . Il est devenu un territoire Français sous mandat de la Société des Nations et un territoire de confiance plus tard sous l'Organisation des Nations Unies 1918-1960.
Pidgin Camerounais	Aussi appelé créole Camerounais ou Kamtok, il est le pidgin Anglais parlé au Cameron. Il y a cinq variantes.
CENER	(*Centre National des Etudes et de Recherche*)—Acronym du service de renseignement secret du Cameroun qui a été modifié en 1984 à *Direction Générale de la Recherche Extérieures* (DGRE) Directrice générale Direction de la recherche externe.
Province (Région) du Centre	Province (région) centrale du Cameroun. C'est constitué de Huit Départements.

CNU (Cameroon National Union) ou (Union Nationale du Cameroun) UNC

Parti formé en 1966 de la fusion des partis politiques opérant au Cameroun. Il a été dirigé par le premier président Camerounais Ahmadou Ahidjo.

CPDM (Cameroon People's Democratic Movement) ou RDPC (Rassemblement démocratique du Peuple Camerounais)

Le CNU (UNC) rebaptisé en 1985.

CU (Cameroonian Union) ou (L'Union Camerounaise)

Parti formé par Ahmadou Ahidjo.

Douala

La plus grande ville, la capitale économique du Cameroun et la capitale du département de Wouri et de la province (région) du Littoral.

Duala

Un peuple Bantous du sous-groupe Sawabantu, ils sont le principal groupe ethnique du département de Wouri et de la ville de Douala.

Cameroun de l'Est

L'unité fédérale de langue Française du Cameroun 1961-72. Il a été formé à partir de l'ancien Cameroun Français.

Est— Province (région)

La moitié sud-est du Cameroun. La province (région) de l'Est a quatre divisions avec Bertoua comme capitale.

Eton

L'un des peuples du groupe ethnique

	Beti-Fang. Il sont trouvé dans la province (région) du Centre.
Ewondo	L'un des peuples du groupe Beti-Fang. Il sont trouvé dans la province (région) du Centre du Cameroun.
L'Extrême-Nord	Une province (région) dans l'extrême nord du Cameroun. Ce comprend six divisions.
Forces Françaises Libres	Ils étaient des combattants Français et Francophones qui ont continué la lutte contre l'axe puissances de l'Allemagne, l'Italie et le Japon, même après la France capitule et a signé un accord d'armistice avec l'Allemagne Nazie en Juin 1940. Il a été formé par le général Charles De Gaulle, qui était un membre du cabinet Français en visite officielle en Grande-Bretagne au moment de la cession. Général Charles De Gaulle a oppose fermement le capitulation Française et l'armistice signé par le nouveau régime dirigé par le maréchal Pétain qui a créé le régime de Vichy dans le sud de la France , permettant ainsi au nord du pays sous occupation Allemande. Il a appelé la résistance contre le contrôle Allemand de la France et de ses marionnettes collaborationniste de Vichy. Le mouvement a attiré des recrues principalement de l'empire Français, en particulier de l'Afrique Centrale Française, dont le Cameroun

Français était la base à l'époque, sous le nouveau gouverneur de Jacques Philippe LeClerc. Philippe LeClerc a mené la première grande victoire de Forces Françaises Libres dans la guerre avec la capture en 1941 de Koufra, une ville dans la colonie Italienne de la Libye. Il a incorporé les forces de l'ancien régime de Vichy dans les colonies de 1943 et a vu ses rangs gonflés par des Français après le Débarquement du Jour (Débarquement de Normandie). Les Forces Françaises libres ont atteint leur plus grande gloire avec la libération de Paris en Août 1944, dirigé par la 2e division blindée Française, car il avait le plus petit nombre de Noirs dans ses rangs. À la fin de la guerre, le mouvement Libre Français constituait la quatrième force militaire en Europe, la lutte contre les puissances de l'Axe. Les partis politiques de droite en France ont été dominées par ses membres et l'idéologie de son fondateur appelé gaullisme.

Fulfulde (Peul, Pulaar, Pular)	Une langue Séné-Gambienne parlée par les Peuls.
Peul (peul peul, Fellata ou peul)	Un peuple mélangé de négro-touareg peuplant la savane du Soudan à Séné-Gambie, ils comprennent trois groupes à savoir:

1. Les Mbororo, Bororo, Burure ou
    Abore qui sont des pasteurs.

2. Le Fulanin Gida, Ndoowi'en ou
    Magida, qui sont totalement
    sédentaires.

3. Les Peuls semi-sédentaires qui
    sont en fin de compte agronome
    et reprennent le pastoralisme,
    mais souvent forment des
    communautés permanentes.

Les Foulanis, Peuls ou Peuls sont le deuxième groupe ethnique le plus peuplé au Cameroun. Ils sont trouvés principalement dans les province (région)s du nord de l'Adamaoua, du Nord et de l'Extrême-Nord. Leur langue est la lingua franca de cette partie du Cameroun.

Foumbam — La capitale du département de Noun et de Bamounland. C'est trouvé dans la province (région) de l' Ouest.

Foumbot — Une colonie agricole dans le département de Noun.

Cameroun Français — Le deux tiers de l'ancien Kamerun Allemand qui est tombé sous le contrôle des Français après la partition de la colonie Allemande par la Grande-Bretagne et la France . Il est devenu un territoire Français sous mandat de la

Société des Nations et un territoire de confiance plus tard sous l'Organisation des Nations Unies 1918-1960.

FSD (Front Social-Démocrate) ou *SDF (Social Democratic Front)* — Le parti politique connu comme le leader d'opposition au Cameroun. Le FSD est dirigé depuis sa création le 26 Mai 1990 par John Fru Ndi.

Garoua — La capitale de la province (région) du Nord et du département de la Bénoué.

Graffi — Mot pidgin d'origine Allemand pour un champ d'herbe. Un nom souvent appliqué collectivement aux peuples semi-Bantous des province (région)s du Nord-Ouest et de l'Ouest du Cameroun.

Graffiland (Terre Graffi) — Le mot Camerounais pour les Hauts Plateaux de L'Ouest, ou les Bamenda Grassfields—le région des prairies montagneuses des province (région)s du Nord-Ouest et de l'Ouest du Cameroun. Il comprend la terre Bamiléké (Bamilekéland) et la terre Bamoun (Bamounland) dans le sud et le la terre Ngemba (Ngembaland), la terre Chamba (Chambaland) et la terre Tikar (Tikarland) dans le nord.

Ibo — L'un des quatre groupes principaux ethniques du Nigeria. Ils sont trouvés dans le sud-est.

Idenau — Une ville dans la région de Fako, province (région) du Sud-ouest.

Kamveu — Conseil local des notables entre les

différents royaumes bamiléké.

Koufra (Kufra)	Un Peuplement important de l'Oasis mais isolé dans le sud-est du désert libyen qui était d'une importance stratégique pour la campagne d'Afrique du Nord pendant la Seconde Guerre mondiale. Sa capture des Italiens par les Forces Françaises Libres a marqué la première grande bataille remportée par la France dans la guerre, renforçant ainsi le prestige du général Charles De Gaulle et le moral des forces anti-Vichy qui étaient démoralisés.
Koutaba	Un Peuplement dans le Bamounland, le département de Noun, et le province (région) de l'Ouest. Aussi une base aérienne importante et une base de l'armée au Cameroun.
Kumba	La plus grande ville de la province (région) du Sud-ouest et la capitale du département de Mémé. C'est situé à environ de 70 miles au nord de Limbe.
KNDP (Kamerun National Democratic Party) ou PNDK (Parti National et Démocratique du Kamerun)	Une parti politique des nationaliste-civiques dans le Cameroun Britannique. Il a mené la campagne qui a réalisé la réunification du Cameroun Britanniques du Sud avec l'ancien Cameroun Français.
Limbe	L'ancien Victoria. C'est la capitale de la région de Fako dans la province (région)

	du Sud-ouest.
Littoral—Province (région)	Le province (région) côtière du Cameroun. Il se compose de quatre divisions.
Loum	Une ville agricole dans le département de Moungo, dans le nord de la province (région) du Littoral.
Maguida (Magida)	Nom utilisé par erreur pour les peuples musulmans du Nord du Cameroun qui a pris naissance du troisième groupe de Peuls—le Fulanin Gida, comprenant les communautés peules pleinement sédentaires.
Mamfe	La capitale du département de Manyu dans la province (région) du Sud - Ouest.
Manjibo	Un village Bamoun dans le département de Noun.
Mankon	Mankon est un royaume Ngemba et une partie de la ville de Bamenda, dans le département de Mezam, la province (région) de Nord-Ouest .
Maroua	La capitale de la Province (région) d' Extrême Nord, et aussi la capitale du département de Diamaré.
Mayo Tsanaga	Un département dans la province (région) de l'Extrême-Nord du Cameroun.
Mayo Tsava	Un département dans la province (région) de l'Extrême-Nord du Cameroun.
Mbengwi	La capitale du département de Momo

dans la province (région) du Nord-Ouest.

Mboh　　　Un peuple Bantous de la Moungo-dans la province (région) du Littoral, avec des franges de leur pays d'origine dans le sud-ouest et province (région)s de l'Ouest.

Mokolo　　　Capitale du département de Mayo Tsanaga.

Molyko　　　Une banlieue de Buéa dans la province (région) du Sud-ouest.

Mora　　　La capitale du département de Mayo Tsava Division.

Mutengene　　　Une ville de jonction à Limbé, Buéa et Tiko, dans le département de Fako, province (région) du Sud-ouest.

Nde　　　Autrefois appelé le département de Banganté. Il se trouve dans la province (région) de l'Ouest.

Ngaoundéré　　　Capitale du département de Vina et de la province (région) de l'Adamaoua.

Ngemba　　　Un peuple du groupe semi-bantou. Les peuples Ngemba se trouvent dans la moitié nord du Prairie du Cameroun (les Hauts Plateaux de l'Ouest), principalement dans les départements de Mezam et de la province (région) Momo du Nord-Ouest. Les personnes Ngemba dialectes.

Ngembaland　　　La partie sud-ouest de la province (région) du Nord-Ouest qui se compose de plusieurs royaumes traditionnels ou

	fondoms parlant des dialectes étroitement liés.
Nkongsamba	La capitale de la Moungo du Cameroun. C'est également la plus grande ville de la région.
Nkwen	Un royaume Ngemba traditionnel et une partie de la ville de Bamenda.
Nord—Province (région)	Central des province (région)s du Grand Nord. Il comprend quatre divisions.
Nord-Ouest Province (région)	Une province (région) de l'ancienne unité fédérale du Cameroun occidental et l'ancien territoire du Cameroun Méridional Britannique. Peuplée par des groupes semi-Bantous de haut-parleurs Tikar, Ngemba et Chamba. Leurs compatriotes de la province (région) du Sud-ouest appellent collectivement les "Graffis".
Nzui-Mantor	Le mot Banganté-Bamiléké pour la panthère ou léopard.
OK *(One Cameroon)* — Kamerun est Un	Emanation de l'UPC après qu'il a été également interdite dans Cameroons Britannique.
Ouest—Province (région)	La moitié sud des Hauts Plateaux occidentales du Cameroun. Elle est peuplée par les peuples bamiléké et Bamoun. C'est également centre culturel et agricole du Cameroun, et se souvient de son rôle historique en tant que centre du nationalisme du pays et la lutte de libération contre l'armée Française dans le pays. Il comprend les

six divisions de Bamboutous, Menoua, Mifi, Nde, Noun et du Haut-Nkam.

Peul — Un terme Français pour Peuls emprunté à la langue Wolof.

Pidgin Camerounais — Aussi appelé créole Camerounais ou Kamtok, il est le pidgin Anglais parlé au Cameron. Il y a cinq variantes.

RDPC (Rassemblement Démocratique du Peuple Camerounais), appelé *CPDM (Cameroon People's Democratic Movement)* en Anglais — C'est le parti au pouvoir dans le Cameroun. Son ancien nom (1966-1985) était l'Union Nationale Camerounaise (UNC), formé en 1966 par la fusion des partis politiques au Cameroun. Avant cela, il s'appelait l'UC (Union Camerounaise), l'ancien parti politique fondé par Ahmadou Ahidjo, l'ancien président de la République du Cameroun. Le RDPC/UNC/UC a été le parti au pouvoir depuis le soi-disant 'indépendance du Cameroun en 1960. Paul Biya est le président du parti.

SDF (Social Democratic Front) ou FSD (Front Social-Démocrate) — Le parti politique connu comme le leader d'opposition au Cameroun. Le FSD est dirigé depuis sa création le 26 Mai 1990 par Ni John Fru Ndi.

Semi-Bantous — Les peuples uniques et non apparentés en Afrique, comprenant les peuples Bamiléké, Bamoun, Tikar, Ngemba et Chamba.

Sokolo — Une banlieue de Limbe, Province (région) du Sud-ouest.

Sud—Province (région) — Une province (région) côtière du sud du Cameroun. Il comprend les trois

	départements de Ntem, Océan, et Dja et Lobo.
Sud-ouest— province (région)	Un province (région) côtière du Cameroun situe dans le sud-ouest du pays. Il dispose de quatre départements. Autrefois une partie de Cameroun Britanniques du Sud et l'unité fédérale du Cameroun Ouest.
Tcholliré	La capitale du département de Rey Bouba dans la province (région) du Nord.
Tiko	Une ville côtière dans le département de Fako dans la province (région) du Sud-ouest.
Tonga	Un Peuplement Bamiléké et royaume du département de Nde, le province (région) de l'Ouest.
Touareg	Un peuple Berbérophones du groupe Amazigh vivant dans le Sahara central du sud de l'Algérie et la Libye, Tripolitaine au milieu Niger et les frontières du nord du Nigeria. Ils se sont déplacés à l'intérieur du désert du Sahara pour échapper à l'invasion Arabe de l'Afrique du Nord au 7ème et 8ème siècle.
UDC (Union Démocratique du Cameroun) ou CDU (Cameroon Democratic Union) en Anglais	Un parti politique au Cameroun fondé par Adamou Ndam Njoya, ancien ministre du régime Ahmadou Ahidjo.
UNC (Union Nationale	Parti formé en 1966 de la fusion des

du Cameroun) ou CNU (Cameroon National Union)	partis politiques opérant au Cameroun. Il a été dirigé par le premier président Camerounais Ahmadou Ahidjo.
UNDP (Union Nationale pour la Démocratie et le Progrès) ou *National Union for Democracy and Progress (NUDP)* en Anglais	Un parti politique au Cameroun fondé par Samuel Eboua, ancien ministre du régime Ahmadou Ahidjo. Bello Bouba Maigari, ancien Premier Ministre du régime de Biya, a usurpé la direction du parti et en a été le président depuis 1982.
UPC (Union des Populations du Cameroun)	Première partie nationale et nationaliste au Cameroun. L'UPC historique a été formé en 1948. Banni en 1955, elle a eu recours à une lutte armée qui a continué jusqu'aux années 1960.
Victoria	L'ancien nom de Limbe, une ville qui été fondée en 1857 par des missionnaires pour comme un colonie des esclaves secourus ou libérés.
Wolowose	Un mot Camerounais pour une pute.
Wum	La capitale du département de Menchum dans la province (région) du Nord-Ouest.
Yaoundé	deuxième plus grande ville du Cameroun et la capitale nationale. De plus la capitale de la province (région) du Centre et du département de Nfoundi.